中国建筑业统计年鉴

CHINA STATISTICAL YEARBOOK ON CONSTRUCTION

国家统计局固定资产投资统计司 编

Compiled by the Department of Investment and Construction Statistics, National Bureau of Statistics

2020

中国统计出版社
China Statistics Press

图书在版编目（CIP）数据

中国建筑业统计年鉴 . 2020 = China Statistical Yearbook on Construction 2020 / 国家统计局固定资产投资统计司编 . -- 北京 : 中国统计出版社 , 2020.9
ISBN 978-7-5037-9242-7

Ⅰ . ①中 … Ⅱ . ①国 … Ⅲ . ①建筑业－统计资料－中国－ 2020 －年鉴 Ⅳ . ① F426.9-66

中国版本图书馆 CIP 数据核字 (2020) 第 152678 号

中国建筑业统计年鉴—2020

作　　者 / 国家统计局固定资产投资统计司
责任编辑 / 郭　栋
执行编辑 / 且淑芬
封面设计 / 李雪燕
版式设计 / 张　冰
出版发行 / 中国统计出版社
通信地址 / 北京市丰台区西三环南路甲 6 号　邮政编码 /100073
电　　话 / 邮购（010）63376909 书店（010）68783171
网　　址 / http://www.zgtjcbs.com/
印　　刷 / 河北鑫兆源印刷有限公司
经　　销 / 新华书店
开　　本 /890mm×1240mm　1/16
字　　数 /628 千字
印　　张 /18
版　　别 /2020 年 9 月第 1 版
版　　次 /2020 年 9 月第 1 次印刷
定　　价 /160.00 元

如有印装差错，由本社发行部调换。

《中国建筑业统计年鉴—2020》

说　明

《中国建筑业统计年鉴—2020》是一部全面反映中国建筑业发展情况的权威资料。本书收集了全国和各省、自治区、直辖市2019年度有关建筑业发展方面的统计数据。

《中国建筑业统计年鉴—2020》资料直接由2019年全国建筑业统计报表基层数据库加工形成。为保证本年鉴数据与历史数据的可比性，2020年建筑业年鉴的范围是具有总承包或专业承包建筑业企业资质等级的所有独立核算的建筑业企业。

本年鉴资料分为五个部分：一、综合；二、按经济类型分组的建筑业企业；三、中央和地方建筑业企业；四、按资质等级分组的建筑业企业；五、各行业建筑业企业。每部分资料的编排，根据制度和实际工作要求，既有按经济类型的分组，又有按行业的分组。在各分组中又分别设置了反映建筑业总产值、各种用途的房屋建筑竣工面积、实收资本、资产和负债、利润和税金等方面情况的表式。

使用本年鉴资料时请注意以下几点：

1. 本年鉴资料各项相加不等于总计均由于四舍五入的缘故。

2. 本年鉴资料由国家统计局固定资产投资统计司编印并负责解释。

3. 本年鉴资料各表中的“空格”表示该项统计指标数据不是本表最小单位数、数据不详或无该项数据。

咨询电话：010-68782615,010-68782475,010-68783393

邮箱：tzjzc@gj.stats.cn

由于编辑时间比较仓促，本书难免存在一些不妥之处，欢迎广大读者批评指正。

目 录

一、综 合

二、按经济类型分组的建筑业企业

三、中央和地方建筑业企业

四、按资质等级分组的建筑业企业

五、各行业建筑业企业

一、综　合

1－1　历年建筑业企业概况

年　份	总　计	国有企业	集体企业	港澳台商投资企业	外商投资企业	其　他
企业单位数(个)						
2000	47518	9030	24756	635	319	12778
2001	45893	8264	19096	622	274	17637
2002	47820	7536	13177	632	279	26196
2003	48688	6638	10425	535	287	30803
2004	59018	6513	8959	511	386	42649
2005	58750	6007	8090	516	388	43749
2006	60166	5555	7051	479	370	46711
2007	62074	5319	6614	482	365	49294
2008	71095	5315	5843	474	363	59100
2009	70817	5009	5352	444	351	59661
2010	71863	4810	5026	416	331	61280
2011	72280	4642	4847	393	303	62095
2012	75280	4602	4640	385	295	65358
2013	78919	3847	3728	390	272	70682
2014	81141	3753	3589	369	261	73169
2015	80911	3603	3318	343	249	73398
2016	83017	3593	3154	326	222	75722
2017	88074	3453	2873	334	218	81196
2018	96544	3358	2546	266	203	90171
2019	103805	3309	2324	245	190	97737
从业人员(万人)						
2000	1994.3	635.6	887.5	8.2	4.4	458.6
2001	2110.7	590.7	739.9	7.7	4.3	768.1
2002	2245.2	543.8	579.2	7.4	4.5	1110.4
2003	2414.3	524.3	505.6	7.0	6.0	1371.3
2004	2500.3	467.4	386.4	6.8	8.1	1631.6
2005	2699.9	480.0	361.6	8.6	10.8	1838.9
2006	2878.2	467.6	332.0	8.9	8.1	2061.6
2007	3133.7	470.1	317.0	9.8	11.4	2325.4
2008	3315.0	472.1	266.8	10.5	9.2	2556.4
2009	3672.6	518.9	246.8	10.9	10.2	2885.7
2010	4160.4	576.9	246.5	12.2	9.8	3315.1
2011	3852.5	444.9	220.4	11.3	9.9	3166.0
2012	4267.2	457.8	216.2	13.0	10.3	3570.0
2013	4528.4	387.7	187.1	16.5	10.1	3927.0
2014	4537.0	371.2	175.0	15.4	8.6	3966.7
2015	5093.7	417.6	169.0	17.9	9.2	4480.0
2016	5184.5	438.1	168.2	16.1	8.7	4553.4
2017	5529.6	428.4	158.7	19.0	7.7	4915.8
2018	5305.2	438.5	123.2	17.6	7.6	4718.4
2019	5427.1	406.1	115.1	14.3	6.8	4884.8
建筑业总产值(亿元)						
2000	12497.60	5053.79	4035.84	99.18	67.49	3241.30
2001	15361.56	5362.81	3775.89	102.55	73.06	6047.25
2002	18527.18	5582.86	3338.50	113.87	91.38	9400.57
2003	23083.87	6060.23	3270.73	123.71	129.39	13499.81
2004	29021.45	7325.61	2756.12	137.03	202.46	18600.23
2005	34552.10	8432.03	2815.20	172.54	249.03	22883.30
2006	41557.16	9218.56	2904.48	240.52	274.87	28918.73
2007	51043.71	10630.90	3153.65	281.95	396.32	36580.90
2008	62036.81	12231.66	3216.43	321.07	387.14	45880.52
2009	76807.74	15190.05	3281.75	334.59	415.17	57586.19
2010	96031.13	18148.59	3655.27	443.96	439.68	73343.64
2011	116463.32	20436.81	4306.49	612.68	658.17	90449.18
2012	137217.86	22930.19	4919.00	649.74	476.99	108241.94
2013	160366.06	20739.02	4524.68	621.96	607.72	133872.68
2014	176713.42	22069.45	4681.80	661.67	643.20	148657.29
2015	180757.47	21767.07	4364.40	693.34	606.24	153326.42
2016	193566.78	23849.02	4388.75	683.99	525.21	164119.81
2017	213943.56	26414.38	4317.92	799.36	547.30	181864.60
2018	225816.86	28273.22	3615.37	743.74	639.04	192545.49
2019	248443.27	30662.35	3690.94	750.80	593.89	212745.29

注：1.本表1985年至1992年数据为全民和集体所有制建筑业企业数据，1993年至1995年数据为各种经济成分的建制镇以上企业数据，1996年至2001年数据为资质等级(旧资质)四级及四级以上建筑业企业数据，2002年及以后数据为所有具有施工总承包、专业承包资质等级的建筑业企业数据。不同口径数据不可比，以下各表同。

2.从业人员数1993年至1997年为年平均人数，1998年以后为期末从业人员数。

1-2 各地区历年建筑业总产值

单位：万元

地 区	2013	2014	2015	2016	2017	2018	2019
全国总计	**1603660633**	**1767134162**	**1807574736**	**1935667774**	**2139435590**	**2258168595**	**2484432707**
北 京	74643608	82097957	84367296	88411905	97367136	109416788	119993611
天 津	36944362	41234862	44889031	48918102	42623475	37815074	40964960
河 北	52449010	56257460	52525685	55176920	56559607	57223851	58479651
山 西	30343656	31034918	29312627	33184739	35665732	40970544	46532791
内蒙古	15711619	14029344	11234710	12208089	11221932	10689875	10860592
辽 宁	86291908	78511248	54137623	39267133	36883257	36355968	35544459
吉 林	22114408	25209990	22163142	22835626	22183702	20254820	18631033
黑龙江	24719359	21507487	16803928	17166070	15600670	12170669	11813475
上 海	52059216	54999411	56524682	60461948	64264178	71127184	78124676
江 苏	219936099	245929317	247858134	257917605	279567105	309546945	330991812
浙 江	202000242	226681864	239805916	249893700	272358259	206709525	203902033
安 徽	49655149	54829260	56959353	60472899	68296702	79184845	85032583
福 建	54617501	66892117	76058135	85314477	99936479	114110210	131644186
江 西	34699763	41226336	46024920	51790284	61668126	68732092	79447970
山 东	84676747	93134585	93817165	100874251	114777540	119397848	142692855
河 南	70032014	79118891	80476477	88079865	100865825	112023953	127016795
湖 北	84652690	100595890	105928564	118623973	133907311	151757525	169796656
湖 南	52838426	60209689	66308249	73042164	84230021	96083829	108006192
广 东	78639046	83565022	88656844	96523073	113720455	138626552	166334126
广 西	22898810	26089057	29534213	34491858	42100723	44012477	54073065
海 南	2863073	2763289	2786308	3077648	3227630	3576140	3659800
重 庆	47312167	55522069	62569430	70358133	76056646	73445783	82229592
四 川	72099080	80666569	87682363	99596805	114003379	136680267	146681509
贵 州	13791526	16402443	19477443	23629517	29329581	33521903	37148892
云 南	29066031	30546749	32689286	38672163	47263584	53340624	61220899
西 藏	769961	712462	1069180	1112848	1479179	1799320	2203066
陕 西	40003635	45577098	47526147	53292345	62274691	70090938	78838885
甘 肃	17208628	18145239	18490185	19472432	18254227	18079549	19163534
青 海	4137110	4329067	4095059	4106249	4069313	4413167	4607240
宁 夏	5689201	6251634	5245276	5112543	5492109	5669912	6014078
新 疆	20796588	23062840	22557365	22582411	24187018	21340421	22781691

1–3 各地区历年建筑业企业利税总额

单位：万元

地 区	2013	2014	2015	2016	2017	2018	2019
全国总计	**113011138**	**119542527**	**121246415**	**129634961**	**138590949**	**154776743**	**154426453**
北 京	5844844	6875732	7349600	8917102	9432255	6871704	10475244
天 津	2590580	2777399	2799689	1893774	1425399	1501602	1662050
河 北	3242959	3350020	3168841	3154539	3117008	2964910	2865264
山 西	1820183	1920827	1791482	1875183	1912882	1994810	2115933
内蒙古	1692996	1249338	876431	1041437	947423	943683	751453
辽 宁	5990333	4861814	3555861	2457749	2066967	2390085	1953583
吉 林	1648728	1986631	1699015	1706209	1605989	1836173	1546686
黑龙江	1320366	1139018	1009930	1033061	864225	773625	867760
上 海	3609429	3830527	3850587	3979520	3766924	4011440	4026593
江 苏	15627231	17197193	17412582	18152927	19879894	22842235	22816044
浙 江	10991236	11978895	11860231	12251854	12862771	10261230	9774559
安 徽	3395413	3591232	3605796	3920993	4097385	5034891	4379597
福 建	3781422	4666004	5239494	5617680	6880843	8195276	8050251
江 西	2483173	2966238	3243655	3694775	3849524	4560910	4550761
山 东	6954610	7140505	6965335	7255596	8018715	7713996	7883886
河 南	5643611	5898465	6076899	8323331	8769455	10411834	10724505
湖 北	7094715	7321789	8581829	8723892	9125371	13276337	12480785
湖 南	3926595	4290182	4546480	5029670	5479262	7076268	7186053
广 东	6489116	6595583	6825711	7225411	8364654	9835724	10357153
广 西	1164273	1330585	1480038	1674973	1795576	2215979	2352380
海 南	224759	204953	209769	251251	254367	360368	384026
重 庆	3912970	4483103	5046994	5556924	5938185	5717873	5601269
四 川	4908532	4758121	4773725	5308407	5973766	9529940	7990039
贵 州	808721	897638	1048181	1240056	1873186	2250700	1917629
云 南	2122145	2157574	2192726	2675437	3223259	4318247	4432133
西 藏	74995	73675	117347	151126	257758	313456	391701
陕 西	2774949	2841450	2857946	3219250	3421425	4414215	3775540
甘 肃	1167134	1249420	1223100	1282825	1290936	1230746	1420841
青 海	274375	267847	266768	302159	249170	292192	202118
宁 夏	314680	417739	370798	415244	399642	350498	336279
新 疆	1116070	1223033	1199575	1302610	1446735	1285799	1154341

1-4 各地区历年建筑业企业利润总额

单位：万元

地　区	2013	2014	2015	2016	2017	2018	2019
全国总计	**60792546**	**64071299**	**64512325**	**69860467**	**74917778**	**79748233**	**82795465**
北　京	3497480	4359641	4793765	6753169	7413574	4887684	8043695
天　津	1431440	1585585	1594082	975834	716017	861269	987415
河　北	1655376	1631303	1556748	1546509	1625368	1393414	1439282
山　西	897318	939166	938078	972077	1011316	961049	1001458
内蒙古	1094841	732513	466159	606330	522326	429093	322112
辽　宁	3146240	2546761	1687885	1211374	1076331	1089840	819154
吉　林	910687	1103577	969580	911451	897599	883404	804305
黑龙江	669765	508877	465291	512383	375135	233972	435594
上　海	1932910	2000895	1944607	2177425	2130971	2266242	2421887
江　苏	8993262	9804439	9853946	9926289	10602583	11617738	12299501
浙　江	5304842	5762559	5508776	5737787	6277004	4943850	4628135
安　徽	1877388	1933931	1868732	2036222	2120874	2548747	2322388
福　建	1853834	2341151	2631144	2794527	3381660	3864745	3880813
江　西	1282397	1564530	1628910	1868010	1979296	2279996	2320490
山　东	4167033	4248640	4071327	4152766	4654021	4030204	4124815
河　南	3120944	3210117	3374644	4385270	4739890	5360191	5887350
湖　北	3796429	3910209	4726061	4757195	5151008	7339060	6723995
湖　南	1905149	2081834	2163387	2303014	2467631	3175943	3245394
广　东	3636718	3725486	3848750	4182841	4610876	5409873	5702691
广　西	444218	506360	543178	677543	757487	891299	1026862
海　南	128077	114985	114026	121232	124545	149536	160204
重　庆	2297778	2741950	3069254	3265730	3401191	2954295	3030888
四　川	2504299	2311696	2214991	2664357	2790624	4841238	4002014
贵　州	324210	352333	456094	601084	1010509	1218511	1056063
云　南	1198003	1209599	1235338	1470239	1631372	2374615	2547588
西　藏	48405	45911	78414	115781	201138	216490	298300
陕　西	1397940	1293256	1286412	1634188	1709967	2207152	1876936
甘　肃	588756	637693	621023	643716	609139	551497	709078
青　海	146330	139149	141696	155138	108203	109487	71367
宁　夏	121468	211386	178708	199499	203533	152959	151945
新　疆	419012	515769	481322	501491	616592	504840	453747

1-5　按经济类型划分的建筑业企业主要经济指标

指　标		合计	内资企业	#国有	#集体
企业个数	(个)	103805	103370	3309	2324
从业人员	(万人)	5427	5406	406	115
自有固定资产原价	(亿元)	20800	20660	3252	313
自有施工机械设备总台数	(万台)	983	981	71	33
自有施工机械设备净值	(亿元)	5845	5833	539	85
自有施工机械设备总功率	(万千瓦)	25118	24931	2803	569
建筑业总产值	(亿元)	248443	247099	30662	3691
房屋施工面积	(万平方米)	1441505	1433371	158002	24403
房屋竣工面积	(万平方米)	402336	400374	26708	10439
利润总额	(亿元)	8280	8180	908	109
税金总额	(亿元)	7163	7129	617	199
按总产值计算劳动生产率	(元/人)	399674	399358	587122	303656
技术装备率	(元/人)	10770	10790	13270	7362
动力装备率	(千瓦/人)	4.6	4.6	6.9	5.0
房屋竣工率	(%)	27.9	27.9	16.9	42.8
产值利润率	(%)	3.3	3.3	3.0	2.9
产值利税率	(%)	6.2	6.2	5.0	8.3

1-5续表

指　标		港澳台商投资企业	#港澳台商独资企业	外商投资企业	#外商独资企业
企业个数	(个)	245	77	190	67
从业人员	(万人)	14	3	7	2
自有固定资产原价	(亿元)	65	19	75	22
自有施工机械设备总台数	(万台)	2	0	1	0
自有施工机械设备净值	(亿元)	5	1	7	4
自有施工机械设备总功率	(万千瓦)	29	3	158	143
建筑业总产值	(亿元)	751	158	594	327
房屋施工面积	(万平方米)	4795	317	3339	1265
房屋竣工面积	(万平方米)	1535	148	426	130
利润总额	(亿元)	49	14	50	37
税金总额	(亿元)	17	4	17	10
按总产值计算劳动生产率	(元/人)	453656	495472	487194	568243
技术装备率	(元/人)	3694	2963	10133	20185
动力装备率	(千瓦/人)	2.0	1.2	23.4	66.0
房屋竣工率	(%)	32.0	46.7	12.8	10.3
产值利润率	(%)	6.5	8.8	8.5	11.2
产值利税率	(%)	8.7	11.1	11.4	14.3

1-6 建筑业企业主要经济指标完成情况

指 标	计量单位	2019年	2018年	2019年比2018年增减(%)
建筑业企业个数	个	103805	96544	7.5
#大型企业	个	2805	2638	6.3
中型企业	个	28551	27322	4.5
小微型企业	个	72449	66584	8.8
从事建筑业活动的平均人数	万人	6216	5947	4.5
签订合同额	亿元	545035	487844	11.7
#本年新签合同额	亿元	289232	267928	8.0
建筑业总产值	亿元	248443	225817	10.0
建筑工程产值	亿元	218661	198989	9.9
安装工程产值	亿元	21354	19267	10.8
其他产值	亿元	8429	7561	11.5
竣工产值	亿元	123832	120555	2.7
房屋施工面积	万平方米	1441505	1371995	5.1
房屋竣工面积	万平方米	402336	411498	-2.2
年末自有施工机械设备净值	亿元	5845	6246	-6.4
年末自有施工机械设备总功率	万千瓦	25118	25758	-2.5
实收资本	亿元	40615	39083	3.9
资产合计	亿元	256630	234002	9.7
#流动资产	亿元	200773	141758	41.6
负债合计	亿元	176473	159218	10.8
营业收入	亿元	232616	211992	9.7
#大型企业	亿元	129390	112309	15.2
中型企业	亿元	81509	78638	3.7
小微型企业	亿元	21717	21044	3.2
利润总额	亿元	8280	7975	3.8
#大型企业	亿元	4367	3697	18.1
中型企业	亿元	3103	3368	-7.9
小微型企业	亿元	809	910	-11.1
税金总额	亿元	7163	7503	-4.5
按建筑业总产值计算的劳动生产率	元/人	399674	379724	
技术装备率	元/人	10770	11774	
动力装备率	千瓦/人	4.6	4.9	
人均利税	元/人	29202	26027	
房屋竣工率	%	27.9	30.0	
资产负债率	%	68.8	68.0	
产值利润率	%	3.3	3.5	
产值利税率	%	6.2	6.9	

1-7 各地区建筑业企业签订合同情况

单位：万元

地 区	签订合同额	上年结转合同额	本年新签合同额
全国总计	**5450347736**	**2558024972**	**2892322764**
北 京	398697577	226222365	172475212
天 津	130680551	70154457	60526094
河 北	132194431	62617156	69577275
山 西	104566460	41652058	62914402
内蒙古	29500397	12868664	16631733
辽 宁	72766892	30349290	42417602
吉 林	38929768	17138733	21791035
黑龙江	25397706	11629262	13768445
上 海	264302406	138996981	125305426
江 苏	540177097	242315388	297861709
浙 江	420475770	196067885	224407885
安 徽	167215266	78097392	89117874
福 建	247748807	107141538	140607269
江 西	132983987	56379195	76604793
山 东	271418579	106711590	164706988
河 南	243196533	98449698	144746834
湖 北	397159945	195018326	202141619
湖 南	246717739	120833409	125884329
广 东	463770186	242177999	221592186
广 西	108208164	47184136	61024028
海 南	9251360	4789321	4462039
重 庆	147408025	64576495	82831531
四 川	323758906	145080765	178678141
贵 州	100348705	50678663	49670042
云 南	131950499	56172166	75778332
西 藏	4930832	2413827	2517005
陕 西	179733555	82757747	96975808
甘 肃	45268083	17233093	28034990
青 海	12574489	6714601	5859888
宁 夏	9373865	3200151	6173713
新 疆	49641157	22402622	27238535

1-8 各地区建筑业企业承包工程完成情况

单位：万元

地 区	直接从建设单位承揽工程完成的产值			从建设单位以外承揽工程完成的产值
		自行完成施工产值	分包出去工程的产值	
全国总计	**2448791736**	**2361840126**	**86951610**	**122592581**
北 京	123141288	101453282	21688006	18540329
天 津	40283036	37687502	2595535	3277458
河 北	57525115	56466517	1058598	2013134
山 西	45668960	45420069	248892	1112722
内 蒙 古	10749787	10695866	53921	164726
辽 宁	34889083	34199873	689210	1344586
吉 林	18113682	18046950	66732	584083
黑 龙 江	11918735	11727775	190960	85700
上 海	81259461	69165278	12094182	8959398
江 苏	310358994	308796216	1562778	22195595
浙 江	198980515	194490224	4490292	9411809
安 徽	83699852	82612161	1087691	2420422
福 建	128864773	128501936	362837	3142250
江 西	76952131	75956410	995721	3491560
山 东	141206401	140076828	1129573	2616027
河 南	124099714	122852859	1246855	4163936
湖 北	168548983	166824116	1724867	2972540
湖 南	105759659	104773584	986076	3232609
广 东	174277328	157255520	17021808	9078607
广 西	54546046	52468979	2077067	1604086
海 南	3656484	3644725	11759	15075
重 庆	81473494	79684592	1788902	2545000
四 川	142581054	137278861	5302194	9402648
贵 州	36666653	36393855	272798	755037
云 南	60183544	59102393	1081151	2118506
西 藏	2197642	2152125	45516	50941
陕 西	77530693	72580129	4950564	6258757
甘 肃	20651796	18957400	1694396	206135
青 海	4214067	4140337	73730	466903
宁 夏	6079417	5900614	178803	113464
新 疆	22713351	22533152	180199	248539

1-9　各地区建筑业总产值和竣工产值

单位：万元

地　区	建筑业总产值	#装饰装修产值	#在外省完成的产值
全国总计	**2484432707**	**123568267**	**834304071**
北　京	119993611	10645113	86038257
天　津	40964960	671436	23945064
河　北	58479651	2174811	20130439
山　西	46532791	1265796	16093131
内蒙古	10860592	221821	1872679
辽　宁	35544459	2729838	10506363
吉　林	18631033	524919	3366605
黑龙江	11813475	345799	2099751
上　海	78124676	7891681	44903345
江　苏	330991812	19134447	153642125
浙　江	203902033	14260745	72978041
安　徽	85032583	2072819	20745564
福　建	131644186	4188393	57714579
江　西	79447970	3298422	26530413
山　东	142692855	8853045	28623213
河　南	127016795	4372809	27447591
湖　北	169796656	5705446	64026311
湖　南	108006192	3986684	35052462
广　东	166334126	16795687	37310898
广　西	54073065	1447636	8516803
海　南	3659800	213144	67171
重　庆	82229592	2663083	14704936
四　川	146681509	4933042	29370751
贵　州	37148892	483991	8979353
云　南	61220899	1260499	5275214
西　藏	2203066	7305	75002
陕　西	78838885	2605319	25393620
甘　肃	19163534	354955	2974087
青　海	4607240	43564	1858119
宁　夏	6014078	94125	646759
新　疆	22781691	321896	3415423

1-9续表 单位：万元

地　区	按构成分组			竣工产值
	建筑工程产值	安装工程产值	其他产值	
全国总计	**2186606551**	**213538160**	**84287997**	**1238321554**
北　京	113935585	4929499	1128526	52198950
天　津	36056399	3891970	1016591	18594308
河　北	47582844	7998762	2898046	24984140
山　西	40433551	4637440	1461799	16753240
内蒙古	9366164	672562	821866	4230500
辽　宁	28715634	5496794	1332031	15812056
吉　林	15160019	2301255	1169758	11060835
黑龙江	9103834	2140798	568843	6620001
上　海	66128377	9855166	2141134	41462188
江　苏	307989877	19630399	3371536	244559226
浙　江	180364279	18019475	5518279	112153144
安　徽	72036363	6756931	6239289	35771598
福　建	121863789	8600395	1180003	59534784
江　西	68809348	5588307	5050316	43166667
山　东	119799403	19443751	3449701	62748155
河　南	110102814	12091103	4822878	74037848
湖　北	151188338	13179068	5429250	80580348
湖　南	92748558	8726429	6531206	55211326
广　东	143142919	17381451	5809757	64866928
广　西	46285862	4441695	3345508	26623719
海　南	3096657	394206	168937	1737496
重　庆	74227867	5283011	2718714	37599553
四　川	124950229	13878723	7852557	61490597
贵　州	31964562	3244445	1939885	13744446
云　南	55910119	3459647	1851133	23087003
西　藏	2066679	88659	47728	980250
陕　西	69105881	6656506	3076499	24995507
甘　肃	16149523	2103994	910018	7760437
青　海	3861091	557169	188981	2399177
宁　夏	5385334	508603	120141	2998657
新　疆	19074653	1579948	2127090	10558471

1-10　各地区建筑业企业房屋建筑面积

地　区	房屋施工面积(万平方米)	#本年新开工	房屋竣工面积(万平方米)	房屋竣工率(%)
全国总计	**1441505**	**515026**	**402336**	**27.9**
北　京	80557	22648	10932	13.6
天　津	15617	4576	2372	15.2
河　北	34995	12472	8939	25.5
山　西	16990	5873	3836	22.6
内蒙古	5785	2760	1460	25.2
辽　宁	15313	5908	4335	28.3
吉　林	7988	3562	2935	36.7
黑龙江	3430	1661	1301	37.9
上　海	50919	13763	9232	18.1
江　苏	255157	85894	77823	30.5
浙　江	182719	57586	43546	23.8
安　徽	48611	17351	15707	32.3
福　建	76606	23872	17811	23.2
江　西	33898	16291	14870	43.9
山　东	83686	34323	21926	26.2
河　南	64256	25871	20736	32.3
湖　北	92042	38059	33908	36.8
湖　南	65247	26437	21042	32.2
广　东	84392	26469	22174	26.3
广　西	29488	10627	8686	29.5
海　南	2310	683	485	21.0
重　庆	36558	15133	13618	37.3
四　川	61743	28906	20341	32.9
贵　州	15930	5666	4131	25.9
云　南	19767	8994	6805	34.4
西　藏	348	176	243	69.7
陕　西	35277	10081	6770	19.2
甘　肃	10690	4235	2687	25.1
青　海	905	355	396	43.8
宁　夏	2252	1124	679	30.2
新　疆	8031	3672	2610	32.5

1-11 各地区按主要用途分的建筑业企业房屋竣工面积

单位：万平方米

地区	总计	住宅房屋	商业及服务用房屋	商厦房屋(批发和零售用房)	宾馆用房屋(住宿用房)	餐饮用房屋(餐饮用房)
全国总计	**402336**	**271016**	**28607**	**11751**	**2683**	**630**
北京	10932	6518	1610	967	94	4
天津	2372	1405	152	64	40	
河北	8939	6326	515	238	28	2
山西	3836	2660	297	109	5	9
内蒙古	1460	1082	55	15	9	3
辽宁	4335	3042	240	97	7	2
吉林	2935	2120	145	24	16	
黑龙江	1301	999	33	6	1	
上海	9232	4201	2106	1040	103	3
江苏	77823	57589	2576	912	436	134
浙江	43546	24748	3408	1277	317	128
安徽	15707	11166	690	329	16	27
福建	17811	11753	1355	578	100	3
江西	14870	9468	1233	421	94	22
山东	21926	15173	1252	413	45	41
河南	20736	14218	1596	381	182	50
湖北	33908	22136	3648	2064	444	28
湖南	21042	14634	1653	780	273	23
广东	22174	16018	925	280	136	12
广西	8686	5336	563	199	82	13
海南	485	271	79	48	9	
重庆	13618	9892	936	282	27	11
四川	20341	14772	1625	592	82	76
贵州	4131	2719	320	78	35	5
云南	6805	4236	720	308	46	16
西藏	243	176	13	3	3	
陕西	6770	4390	426	135	26	10
甘肃	2687	1834	153	40	15	3
青海	396	240	21	3	3	
宁夏	679	377	73	27	3	
新疆	2610	1521	192	44	8	5

1-11 续表1　　　　单位：万平方米

地　区	商务会展用房屋	其他商业及服务用房屋(居民服务业用房)	办公用房屋	科研、教育和医疗用房屋	科学研究用房屋	教育用房屋
全国总计	**2370**	**11173**	**19187**	**18053**	**1916**	**12095**
北　京	169	377	684	442	134	189
天　津	7	42	95	153	15	98
河　北	18	230	292	480	28	341
山　西	24	150	153	230	18	141
内蒙古		28	57	66	1	48
辽　宁	3	131	121	122	6	106
吉　林	5	101	128	66	2	41
黑龙江	1	25	37	43	1	32
上　海	107	853	712	415	32	277
江　苏	686	408	2943	2288	333	1370
浙　江	305	1382	2216	1373	222	857
安　徽	23	294	603	562	31	446
福　建	24	650	1047	527	32	402
江　西	65	630	888	696	44	541
山　东	242	511	1269	1381	295	745
河　南	88	895	1161	1282	73	958
湖　北	326	787	1749	1600	184	841
湖　南	22	556	1155	1248	71	952
广　东	34	464	763	798	117	571
广　西	12	258	578	950	79	663
海　南	8	14	20	39	1	30
重　庆	19	596	560	501	17	369
四　川	104	771	632	765	53	507
贵　州	34	168	165	414	26	312
云　南	20	329	430	601	27	479
西　藏		7	18	17	1	12
陕　西	12	243	377	499	54	382
甘　肃	2	93	118	192	7	146
青　海		16	38	36	2	25
宁　夏	3	40	27	83	3	69
新　疆	8	127	151	184	9	148

1-11 续表2　　　　单位：万平方米

地　区	医疗用房屋(卫生医疗用房)	文化、体育和娱乐用房屋	厂房及建筑物	#厂房	仓　库	其他未列明的房屋建筑物
全国总计	**4042**	**4026**	**49092**	**31761**	**2360**	**9993**
北　京	120	456	912	796	21	289
天　津	40	58	356	222	27	126
河　北	110	52	932	645	53	290
山　西	71	34	287	131	12	164
内蒙古	18	4	95	73	9	91
辽　宁	10	21	621	273	36	133
吉　林	23	11	314	212	49	103
黑龙江	10	12	125	94	10	43
上　海	106	153	1254	642	36	355
江　苏	585	521	10670	7689	412	825
浙　江	295	376	10197	7299	454	773
安　徽	85	93	2133	962	89	372
福　建	93	194	2708	1365	79	149
江　西	110	235	1878	1168	118	354
山　东	341	191	2217	1431	86	357
河　南	252	233	1676	951	160	410
湖　北	575	387	3237	1759	243	908
湖　南	225	211	1472	911	100	570
广　东	111	124	2623	1658	111	812
广　西	209	173	687	466	49	348
海　南	8	9	11	2	1	56
重　庆	115	49	1180	582	30	470
四　川	205	125	1636	1098	46	739
贵　州	76	61	284	235	21	148
云　南	95	102	376	228	39	302
西　藏	4	2	2	1	5	11
陕　西	64	66	703	567	41	268
甘　肃	39	44	159	85	6	182
青　海	8	5	34	4		22
宁　夏	11	9	68	39	7	36
新　疆	26	17	245	173	11	289

1-12　各地区按主要用途分的建筑业企业房屋竣工价值

单位：万元

地　区	总计	住宅房屋	商业及服务用房屋	商厦房屋(批发和零售用房)	宾馆用房屋(住宿用房)	餐饮用房屋(餐饮用房)
全国总计	**739767062**	**472946681**	**70000178**	**24004438**	**5263106**	**1329512**
北　京	28121100	13481120	4830384	2409432	322722	13080
天　津	5170469	2972609	358545	157286	64865	622
河　北	14447019	9712345	926384	435657	78699	1808
山　西	6975526	4595527	535296	176885	6359	16537
内蒙古	2400253	1681255	112278	35635	11536	4218
辽　宁	6794333	4803115	308593	128562	8008	3137
吉　林	4719647	3307235	226109	16003	15391	70
黑龙江	2133325	1567105	44354	10591	2372	824
上　海	21512622	8557527	5692423	1982728	611297	13045
江　苏	155009165	113490246	5983930	1972291	1012342	481146
浙　江	75588958	44629062	6781904	2598850	604623	281160
安　徽	22779518	16756169	981997	460236	19136	32753
福　建	32647566	21897718	2651920	1085733	212353	5257
江　西	22976229	14033409	1912054	653006	120786	45321
山　东	38646833	25014653	2407160	855651	61318	87321
河　南	51282676	23826735	15949583	1870684	237715	59646
湖　北	51876500	33150818	6759223	4091091	661064	39340
湖　南	33911612	22539464	2681869	1351348	308170	35759
广　东	39721344	29251092	1751136	461298	257437	24460
广　西	20657074	10411293	1019513	365147	160299	25346
海　南	1036155	546805	177087	112450	13317	110
重　庆	22061355	15243559	1691322	496973	48843	20201
四　川	34265101	24042961	2757738	1010016	151483	75512
贵　州	6720623	4085489	538793	105835	74087	10020
云　南	12922010	8258664	1264140	637128	105975	15536
西　藏	551077	389379	38080	9930	8125	102
陕　西	13155674	7848449	801586	261838	36605	19067
甘　肃	4927618	3233209	250311	74363	28269	7792
青　海	786791	434340	45630	5663	2368	95
宁　夏	1240596	595886	137982	47629	3528	186
新　疆	4728297	2589444	382855	124503	14013	10043

1-12 续表1 单位：万元

地区	商务会展用房屋	其他商业及服务用房屋(居民服务业用房)	办公用房屋	科研、教育和医疗用房屋	科学研究用房屋	教育用房屋
全国总计	**5585350**	**33817772**	**38954901**	**42197473**	**4025456**	**28933250**
北京	492880	1592272	2479146	1630272	529227	679228
天津	1182	134591	246020	498002	28288	266324
河北	44807	365413	525546	970370	59511	702752
山西	57805	277712	320355	508446	33778	306024
内蒙古	136	60753	141750	131232	1325	79580
辽宁	5354	163532	251407	231815	15552	197195
吉林	21728	172918	259595	142071	5920	92455
黑龙江	970	29597	85180	79005	1594	52234
上海	246077	2839276	1990338	1242455	77764	835036
江苏	1543122	975028	6452417	5787244	727941	3536117
浙江	815742	2481529	4569678	3136445	451881	1950904
安徽	43943	425929	772703	879242	31744	721602
福建	56470	1292106	2067412	1083968	70260	835654
江西	105163	987778	1845309	1413945	68349	1110068
山东	495046	907824	3380816	2877036	514909	1644985
河南	206441	13575097	1794680	5290454	76990	4764051
湖北	716920	1250809	2480171	2961542	397419	1370876
湖南	32573	954018	2014549	2364066	128638	1724529
广东	226993	780948	1584560	1945674	144772	1546727
广西	53326	415396	982209	1748004	140365	1250819
海南	18169	33041	43263	104021	4250	69436
重庆	42849	1082456	946585	994068	45272	652993
四川	182143	1338584	1143806	1765041	178767	1167755
贵州	72120	276731	303798	803323	64542	592794
云南	46684	458818	762038	1272187	45043	999103
西藏	90	19833	38936	31649	2689	23831
陕西	24812	459265	718988	1134055	121451	885690
甘肃	2776	137111	263318	424647	12468	313431
青海	149	37354	91270	95399	4002	71772
宁夏	7712	78927	60460	205498	10483	157684
新疆	21168	213128	338601	446298	30265	331604

1-12 续表2 单位：万元

地区	医疗用房屋(卫生医疗用房)	文化、体育和娱乐用房屋	厂房及建筑物	#厂房	仓库	其他未列明的房屋建筑物
全国总计	**9238767**	**9997911**	**80043642**	**51959000**	**4508006**	**21118271**
北京	421817	1582363	3027164	2704706	82041	1008610
天津	203390	83341	591448	449281	59337	361166
河北	208107	139732	1410413	1078984	87430	674800
山西	168644	106622	506807	216707	21794	380679
内蒙古	50328	13683	136324	106334	13950	169782
辽宁	19069	105317	838261	377656	52871	202955
吉林	43697	41888	459387	296828	93456	189908
黑龙江	25177	38848	212464	140633	19221	87147
上海	329655	717634	2512434	1320230	88589	711221
江苏	1523187	1268407	18923553	13824862	888786	2214582
浙江	733660	836987	13116535	9635771	718106	1800241
安徽	125896	141403	2619712	1099935	107408	520885
福建	178054	465404	4053277	2029349	99938	327930
江西	235528	448694	2571549	1494881	258680	492588
山东	717143	455287	3630701	2663944	137177	744002
河南	449414	518720	3107850	1434257	205681	588972
湖北	1193247	670892	4241434	2277155	159763	1452658
湖南	510899	628986	2345772	1553663	179565	1157341
广东	254175	247339	3575546	2248320	170854	1195145
广西	356821	327445	3351416	765773	658236	2158959
海南	30335	21507	23099	9262	1103	119270
重庆	295803	101387	2221861	1316487	69201	793372
四川	418520	252129	2964468	2124186	98270	1240689
贵州	145987	189108	486614	399927	54632	258867
云南	228041	178697	594071	366286	70493	521721
西藏	5129	3590	3469	1294	14549	31425
陕西	126914	239965	1568687	1436162	55143	788800
甘肃	98748	88444	326339	201798	11453	329898
青海	19624	9735	65428	9646	418	44571
宁夏	37331	26918	151091	91862	9064	53696
新疆	84429	47442	406468	282825	20798	496391

1−13 各地区建筑业企业施工机械设备情况

地　区	年末自有施工机械设备总台数(台)	年末自有施工机械设备总功率(千瓦)	年末自有施工机械设备净值(万元)	技术装备率(元/人)	动力装备率(千瓦/人)
全国总计	**9833258**	**251178010**	**58450114**	**10770**	**4.6**
北　京	86534	5199586	2555799	46597	9.5
天　津	79372	4087604	1223461	15128	5.1
河　北	500134	10843092	1642191	18369	12.1
山　西	194751	6819808	1229249	15201	8.4
内蒙古	52976	1606313	437174	21303	7.8
辽　宁	123404	5174341	7228066	108588	7.8
吉　林	53262	1674199	466574	12209	4.4
黑龙江	100692	2328109	519653	19204	8.6
上　海	65784	1904499	1564152	18167	2.2
江　苏	1257655	40564163	7354761	9182	5.1
浙　江	1772677	15885256	3696188	6137	2.6
安　徽	267183	9422421	1464155	7382	4.8
福　建	310362	21665984	2726549	5970	4.7
江　西	364466	7591395	1236276	7453	4.6
山　东	662515	23447156	4640823	14866	7.5
河　南	657391	14301248	3062974	10324	4.8
湖　北	720631	13068845	2870339	11752	5.4
湖　南	629089	9909044	2003254	7222	3.6
广　东	531696	13566182	3988393	12116	4.1
广　西	149634	3432234	528386	3723	2.4
海　南	7249	242094	40751	5351	3.2
重　庆	134341	4219373	946722	4379	2.0
四　川	303554	9466702	2551688	7262	2.7
贵　州	71380	3214017	585373	7317	4.0
云　南	150897	4189895	1118485	7902	3.0
西　藏	25607	214777	31985	6731	4.5
陕　西	310823	7727987	1459715	10052	5.3
甘　肃	146864	3234555	606147	11921	6.4
青　海	24248	862995	166706	20572	10.6
宁　夏	17597	505687	83703	7442	4.5
新　疆	60490	4808449	420424	10521	12.0

1-14　各地区建筑业企业建筑材料消耗情况

地　区	钢材（吨）	木材（立方米）	水泥（吨）	玻璃		铝材（吨）
				重量箱	平方米	
全国总计	**1073870051**	**492466819**	**2429092673**	**225128761**	**1407222088**	**129873416**
北　京	28461850	15397562	45240039	1995300	8396970	795894
天　津	7673995	1063991	18510251	303276	1065692	159054
河　北	23538860	9236540	51648797	2364003	18645451	23494093
山　西	14733042	3022315	35486200	953843	9021027	346772
内蒙古	3696207	1731619	7241562	239781	3247937	268499
辽　宁	79095347	7707264	25439805	1393429	11799901	401593
吉　林	25549867	3782267	10140877	887941	8639566	2358016
黑龙江	16509433	8538941	16902736	395194	2836806	39938
上　海	30731148	6478115	50625730	1847020	8939689	1360850
江　苏	106501590	39411320	244403710	24693004	155941147	4007816
浙　江	99616450	45211482	253700287	30101438	149252745	7135554
安　徽	30204120	14362416	197212695	8015121	37439381	11308101
福　建	69968538	50183582	280324971	71627201	251878173	36020524
江　西	40338088	22274106	104162770	6124560	38505475	4114975
山　东	45077789	27651476	103756642	8153890	48455826	2751803
河　南	45881581	25487703	117487126	5454063	45065840	3711929
湖　北	63546274	36489806	133440842	12604905	117905324	4826343
湖　南	58927942	38828732	112854758	10529227	173078962	4246941
广　东	42164885	23422910	112257945	11843484	144642014	3797662
广　西	15597011	15207312	44666416	2041114	20310793	2132283
海　南	1479203	1299446	3925126	197497	1586793	378461
重　庆	25140799	14890985	64358872	3369750	22132690	1925877
四　川	91700780	42235524	187037329	10371804	62927300	8820997
贵　州	18184342	6463201	43987606	3883552	17378835	1476919
云　南	26847757	12350436	46035973	1607635	12738208	535461
西　藏	377470	250628	932320	11539	232653	22103
陕　西	30314138	10210454	78447495	2701866	22947433	2804000
甘　肃	7439541	2351854	14219698	572396	4834047	239699
青　海	1895826	400448	3418127	149178	1350495	60191
宁　夏	12144934	2200593	8818739	209766	1161863	256424
新　疆	10531244	4323791	12407229	485984	4863052	74644

1-15 各地区建筑业企业主要生产效益指标

地区	建筑业企业个数（个）	从事建筑业活动的平均人数（人）	按总产值计算的劳动生产率（元/人）	人均竣工产值（元/人）	人均施工面积（平方米/人）	人均竣工面积（平方米/人）
全国总计	**103805**	**62161483**	**399674**	**199210**	**231.9**	**64.7**
北京	2694	2083221	576000	250569	386.7	52.5
天津	1799	971014	421878	191494	160.8	24.4
河北	2502	970017	602872	257564	360.8	92.2
山西	2999	1130472	411623	148197	150.3	33.9
内蒙古	1026	267300	406307	158268	216.4	54.6
辽宁	5322	877390	405116	180217	174.5	49.4
吉林	2388	423361	440074	261263	188.7	69.3
黑龙江	1850	388959	303720	170198	88.2	33.5
上海	2437	1262761	618681	328346	403.2	73.1
江苏	9345	9117864	363015	268220	279.8	85.4
浙江	7256	6202402	328747	180822	294.6	70.2
安徽	4446	1986719	428005	180054	244.7	79.1
福建	5829	4886688	269394	121831	156.8	36.4
江西	3095	2032334	390920	212400	166.8	73.2
山东	7299	3450862	413499	181833	242.5	63.5
河南	6740	3141780	404283	235656	204.5	66.0
湖北	4566	2512562	675791	320710	366.3	135.0
湖南	2986	2946165	366599	187401	221.5	71.4
广东	6643	3494007	476056	185652	241.5	63.5
广西	1630	1428131	378628	186424	206.5	60.8
海南	213	82893	441509	209607	278.6	58.5
重庆	2939	2360965	348288	159255	154.8	57.7
四川	5826	4167045	352004	147564	148.2	48.8
贵州	1449	908603	408857	151270	175.3	45.5
云南	3156	1814167	337460	127260	109.0	37.5
西藏	278	67130	328179	146023	51.9	36.2
陕西	3067	1710767	460839	146107	206.2	39.6
甘肃	1654	541533	353876	143305	197.4	49.6
青海	389	104931	439073	228643	86.2	37.8
宁夏	662	204633	293896	146538	110.0	33.2
新疆	1320	624807	364620	168988	128.5	41.8

1−16　各地区建筑业企业资产构成

单位：万元

地　区	资产合计	流动资产合计	#存货
全国总计	**2566295033**	**2007726602**	**341880194**
北　京	291328686	180960720	16083208
天　津	77466292	60369614	6319552
河　北	68134547	57029412	11222204
山　西	68773474	52991159	7517988
内蒙古	21689185	17255741	1853744
辽　宁	62518184	51949339	6973004
吉　林	27476245	22200222	2738897
黑龙江	22012614	18717640	2826087
上　海	117062755	97138619	16873373
江　苏	229604229	191794971	43981858
浙　江	146905139	122823104	29258514
安　徽	76370515	58439632	8881205
福　建	69767263	57949119	11277401
江　西	51137426	41693233	10183582
山　东	156458908	127988300	25474571
河　南	101213730	80021966	12839214
湖　北	148813752	114580357	24334829
湖　南	70799283	52115223	7951726
广　东	218355173	174672918	23819590
广　西	32378845	25932748	3956601
海　南	4223560	3780495	230315
重　庆	63073891	51621703	11359042
四　川	130720959	101832927	20643105
贵　州	63842438	51349391	7543318
云　南	70575699	50574955	8015279
西　藏	5377068	4122941	354717
陕　西	85318568	70558700	9459463
甘　肃	34889503	25831945	4981838
青　海	7475971	5525755	1169353
宁　夏	7836586	6923852	1011183
新　疆	34694546	28979903	2745434

1-17 各地区建筑业企业固定资产情况

单位：万元

地区	固定资产原价	固定资产折旧	#本年折旧	在建工程
全国总计	**207997968**	**97382834**	**14102200**	**34168668**
北京	9101883	4865170	705762	806950
天津	6954467	3673538	394917	475831
河北	7803923	4010490	383191	808714
山西	5376830	2800000	464363	847553
内蒙古	2378201	1181274	202027	311826
辽宁	6626814	3583454	368336	381661
吉林	2696989	1245987	164287	1301631
黑龙江	2676508	1348908	136971	120820
上海	7964175	4370519	470197	361827
江苏	22675398	10060838	1358410	2418729
浙江	14134364	6682195	917841	1000026
安徽	6869613	2995693	417950	1521152
福建	6935691	2973813	489322	605770
江西	4622379	1895530	330791	897848
山东	15039267	7085926	966944	1560574
河南	12347225	5153564	1047507	1553257
湖北	15072042	7039556	1232110	5790992
湖南	7464444	2958410	508384	1376877
广东	11190891	5452993	745627	1638937
广西	2547844	1201357	211975	572448
海南	148383	79163	15574	30898
重庆	4451581	2097458	313638	663596
四川	9348479	4143320	615515	2139420
贵州	1989212	784755	124969	1534617
云南	5535923	2454435	376492	913955
西藏	351962	128885	14826	79669
陕西	7299262	3717021	666070	3163981
甘肃	3423980	1009362	138332	608019
青海	1009039	495519	65536	47990
宁夏	782293	377258	49765	49989
新疆	3178908	1516444	204569	583116

1−18　各地区建筑业企业负债及所有者权益

单位：万元

地　区	负债合计	#流动负债	#应付账款	所有者权益	#实收资本
全国总计	**1764728949**	**1590249532**	**622780614**	**801547890**	**406148685**
北　京	195450394	175191360	64149100	95878292	34267207
天　津	59141775	54229915	24022659	18324516	9772447
河　北	49726086	45912927	20029273	18408461	10963587
山　西	51791179	47308608	20000785	16982295	10556253
内蒙古	14917702	13947096	4452102	6771484	4060078
辽　宁	45219296	40606745	12701152	17303655	9749420
吉　林	17777845	16254757	5665842	9698400	5235649
黑龙江	15081393	13486376	5145097	6931220	5333273
上　海	90507375	87271491	39155311	26555380	13882954
江　苏	134470383	124425214	47530188	95110730	36154163
浙　江	95735288	91548707	35344269	51170006	26664687
安　徽	51455206	45537474	16799391	24915309	12007399
福　建	40749907	36804975	10882200	29017357	17270134
江　西	31569747	28131681	10791969	19567679	11827769
山　东	115055992	105910664	41353624	41402917	22695183
河　南	64486394	58061456	22094603	36727337	21431818
湖　北	102258963	87001693	39285247	46554789	19432561
湖　南	45797139	39193210	16099372	25002144	12944518
广　东	158883215	140442635	49375612	59471958	30214050
广　西	21914854	18981911	6489324	10463991	6658818
海　南	2544459	2423803	1069080	1679101	1093127
重　庆	44918129	39619551	15370161	18155762	9316925
四　川	92221975	80237217	31873707	38498985	23700075
贵　州	47283081	40573669	15598397	16559357	6420600
云　南	47846337	40089908	15634331	22729362	12219240
西　藏	3359962	2592828	771384	2017106	751432
陕　西	64132760	59458466	28493636	21185809	18876357
甘　肃	23788647	21401219	9220905	11100857	4879668
青　海	5143970	4717500	1827507	2332001	1497076
宁　夏	5455292	5280291	2324147	2381294	1644696
新　疆	26044205	23606189	9230243	8650341	4627522

1-19 各地区建筑业企业收入情况

单位：万元

地　区	主营业务收入	#主营业务成本	#主营业务税金及附加	其他业务收入	#其他业务成本	#其他业务利润
全国总计	**2291667964**	**2096454402**	**18704437**	**34494398**	**34439262**	**2247993**
北　京	151152876	140408157	353049	1187494	978433	292376
天　津	45087666	41668939	114868	4473358	4180501	49740
河　北	49871581	46086754	330033	4006044	3785279	47707
山　西	46292709	42228324	186941	587466	1027337	82710
内蒙古	13094411	11967689	92529	193294	217282	21680
辽　宁	35223778	31878035	207335	1375614	1261527	32964
吉　林	18363780	16525660	171665	523243	429390	19523
黑龙江	13493669	12446763	87028	172262	280052	-899
上　海	100680360	93378398	262161	537137	371446	138869
江　苏	278589783	252911461	2629679	1528627	1153667	226159
浙　江	173402399	162211198	876259	1111763	1065623	186977
安　徽	71087755	65041900	569346	1033555	943521	51426
福　建	107871799	98626554	1496284	815739	762572	59490
江　西	61032049	55350489	883261	855889	1184770	38089
山　东	134337858	123353385	831317	1758554	1876923	131598
河　南	108980520	96600460	1719235	2263064	2270010	95732
湖　北	159566502	144340437	1708265	1302802	1574544	87319
湖　南	96499861	87575026	1463804	317398	654591	47126
广　东	177569290	161892557	930827	1456280	1734143	254834
广　西	41528730	38707227	349556	721635	688432	46410
海　南	4609356	4106760	30952	92242	92605	1182
重　庆	67888273	61137731	748384	1093368	1074290	61075
四　川	115565611	105195807	1123754	2707919	2668544	81108
贵　州	33931995	31454388	175484	666939	636801	26894
云　南	51276715	46282976	499709	815602	589815	69990
西　藏	3493187	3024482	24996	114949	135114	2034
陕　西	74182188	69164813	494537	1478619	1473026	41828
甘　肃	21415428	19662193	173558	510415	475279	14460
青　海	5548623	5172011	23840	230093	348295	4781
宁　夏	6255639	5803854	31309	43374	41603	7495
新　疆	23773574	22249977	114474	519662	463847	27318

1-20　各地区建筑业企业费用情况

单位：万元

地　区	管理费用	销售费用	研发费用	财务费用	#利息收入	#利息支出
全国总计	**67508342**	**7240812**	**18600936**	**15597494**	**5330716**	**23682904**
北　京	4326526	505107	2179205	1251530	1778754	2007550
天　津	2182023	122402	854598	374639	234348	513704
河　北	1643280	100824	388680	414760	91865	352377
山　西	1751356	90416	840431	317508	172010	407767
内蒙古	513203	16385	37289	176829	6594	154872
辽　宁	1683524	93081	248185	374543	38976	260714
吉　林	671161	30984	38218	172038	24545	88657
黑龙江	567321	26422	51300	78400	21487	73847
上　海	2816032	272873	1710265	257762	283253	420797
江　苏	7424849	1091425	892430	1793793	237090	1254825
浙　江	4394433	390139	911241	937621	165556	954803
安　徽	1992757	301482	670229	471723	101057	379009
福　建	3064539	313452	331576	436043	36498	311156
江　西	1534981	182864	385934	307507	37096	217842
山　东	4057000	306710	794576	972670	147818	741403
河　南	3470274	494800	583317	721164	377952	9853779
湖　北	4540041	681212	1788095	851127	231518	757675
湖　南	2906969	326161	1183318	450542	183302	414006
广　东	5054472	467676	2229713	1571482	273672	1211047
广　西	1155381	51520	243471	311052	32263	286511
海　南	103767	5517	1063	12266	138	8755
重　庆	1965787	251918	301223	596370	70661	404080
四　川	3557479	568505	692290	925561	263508	783775
贵　州	799257	33337	296434	375154	78045	282120
云　南	1455213	185828	220081	546969	41076	530566
西　藏	109883	7871	7205	20435	9031	22662
陕　西	1936614	187748	524035	431594	178843	487202
甘　肃	604122	99132	52906	170106	141974	249075
青　海	212779	4510	71277	33269	5593	30816
宁　夏	227124	8326	4969	33006	20230	16214
新　疆	786197	22187	67381	210031	45965	205299

1-21 各地区建筑业企业利润及税金情况

单位：万元

地　区	利润总额	#应交所得税	税金总额	主营业务税金及附加	应交增值税
全国总计	**82795465**	**16661073**	**71630988**	**18704437**	**52926551**
北　京	8043695	608282	2431548	353049	2078500
天　津	987415	206953	674634	114868	559767
河　北	1439282	375331	1425982	330033	1095948
山　西	1001458	137867	1114475	186941	927534
内蒙古	322112	109172	429342	92529	336812
辽　宁	819154	248807	1134429	207335	927094
吉　林	804305	241048	742381	171665	570716
黑龙江	435594	85397	432166	87028	345137
上　海	2421887	378124	1604706	262161	1342545
江　苏	12299501	2730380	10516542	2629679	7886864
浙　江	4628135	1096500	5146424	876259	4270165
安　徽	2322388	420555	2057209	569346	1487863
福　建	3880813	1114096	4169438	1496284	2673155
江　西	2320490	507905	2230270	883261	1347009
山　东	4124815	825553	3759071	831317	2927754
河　南	5887350	946034	4837155	1719235	3117920
湖　北	6723995	1570753	5756790	1708265	4048525
湖　南	3245394	561199	3940659	1463804	2476855
广　东	5702691	1373520	4654462	930827	3723635
广　西	1026862	356118	1325518	349556	975962
海　南	160204	79956	223822	30952	192870
重　庆	3030888	522670	2570381	748384	1821997
四　川	4002014	741574	3988025	1123754	2864271
贵　州	1056063	224501	861567	175484	686083
云　南	2547588	494284	1884546	499709	1384837
西　藏	298300	30063	93400	24996	68405
陕　西	1876936	321970	1898604	494537	1404067
甘　肃	709078	146923	711764	173558	538206
青　海	71367	25606	130751	23840	106911
宁　夏	151945	40557	184334	31309	153025
新　疆	453747	139374	700593	114474	586120

1-22　各地区建筑业企业应收工程款及企业亏损情况

地　区	应收工程款 (万元)	企业个数 (个)	#亏损企业个数	亏损企业的比重 (%)
全国总计	**600133473**	**103805**	**16971**	**16.3**
北　京	39859431	2694	696	25.8
天　津	17845212	1799	372	20.7
河　北	17842460	2502	429	17.1
山　西	17910422	2999	663	22.1
内蒙古	6581187	1026	251	24.5
辽　宁	16877913	5322	1407	26.4
吉　林	10033613	2388	446	18.7
黑龙江	6765280	1850	475	25.7
上　海	24225071	2437	456	18.7
江　苏	64629316	9345	621	6.6
浙　江	35044709	7256	1416	19.5
安　徽	18158473	4446	596	13.4
福　建	13731945	5829	665	11.4
江　西	12253665	3095	313	10.1
山　东	42076493	7299	1342	18.4
河　南	23157721	6740	746	11.1
湖　北	31853456	4566	507	11.1
湖　南	15899367	2986	267	8.9
广　东	48820405	6643	1130	17.0
广　西	7377676	1630	325	19.9
海　南	1235719	213	42	19.7
重　庆	16785009	2939	395	13.4
四　川	27319835	5826	742	12.7
贵　州	16041000	1449	353	24.4
云　南	16406109	3156	634	20.1
西　藏	1619171	278	35	12.6
陕　西	26502804	3067	507	16.5
甘　肃	8190854	1654	365	22.1
青　海	1393880	389	117	30.1
宁　夏	3269683	662	227	34.3
新　疆	10425593	1320	431	32.7

1-23 各地区建筑业企业主要经济效益指标

地　区	产值利润率 (%)	产值利税率 (%)	资本利润率 (%)	资本利税率 (%)	人均利润 (元/人)	人均利税 (元/人)	资产负债率 (%)
全国总计	**3.3**	**6.2**	**20.4**	**38.0**	**13319**	**24843**	**68.8**
北　京	6.7	8.7	23.5	30.6	38612	50284	67.1
天　津	2.4	4.1	10.1	17.0	10169	17117	76.3
河　北	2.5	4.9	13.1	26.1	14838	29538	73.0
山　西	2.2	4.5	9.5	20.0	8859	18717	75.3
内蒙古	3.0	6.9	7.9	18.5	12051	28113	68.8
辽　宁	2.3	5.5	8.4	20.0	9336	22266	72.3
吉　林	4.3	8.3	15.4	29.5	18998	36534	64.7
黑龙江	3.7	7.3	8.2	16.3	11199	22310	68.5
上　海	3.1	5.2	17.4	29.0	19179	31887	77.3
江　苏	3.7	6.9	34.0	63.1	13490	25024	58.6
浙　江	2.3	4.8	17.4	36.7	7462	15759	65.2
安　徽	2.7	5.2	19.3	36.5	11690	22044	67.4
福　建	2.9	6.1	22.5	46.6	7942	16474	58.4
江　西	2.9	5.7	19.6	38.5	11418	22392	61.7
山　东	2.9	5.5	18.2	34.7	11953	22846	73.5
河　南	4.6	8.4	27.5	50.0	18739	34135	63.7
湖　北	4.0	7.4	34.6	64.2	26762	49674	68.7
湖　南	3.0	6.7	25.1	55.5	11016	24391	64.7
广　东	3.4	6.2	18.9	34.3	16321	29643	72.8
广　西	1.9	4.4	15.4	35.3	7190	16472	67.7
海　南	4.4	10.5	14.7	35.1	19327	46328	60.2
重　庆	3.7	6.8	32.5	60.1	12838	23725	71.2
四　川	2.7	5.4	16.9	33.7	9604	19174	70.5
贵　州	2.8	5.2	16.4	29.9	11623	21105	74.1
云　南	4.2	7.2	20.8	36.3	14043	24431	67.8
西　藏	13.5	17.8	39.7	52.1	44436	58350	62.5
陕　西	2.4	4.8	9.9	20.0	10971	22069	75.2
甘　肃	3.7	7.4	14.5	29.1	13094	26237	68.2
青　海	1.5	4.4	4.8	13.5	6801	19262	68.8
宁　夏	2.5	5.6	9.2	20.4	7425	16433	69.6
新　疆	2.0	5.1	9.8	24.9	7262	18475	75.1

二、按经济类型分组的建筑业企业

2-1 各地区国有建筑业企业签订合同情况

单位：万元

地区	签订合同额	上年结转合同额	本年新签合同额
全国总计	**934063316**	**503203800**	**430859516**
北京	95435557	53217924	42217633
天津	23155742	11463609	11692133
河北	25843849	13839314	12004535
山西	11574688	4223245	7351443
内蒙古	11411675	4635914	6775761
辽宁	11356668	4724869	6631799
吉林	4340661	2688556	1652106
黑龙江	7842198	4232609	3609588
上海	88248698	48505371	39743327
江苏	37044020	20619444	16424576
浙江	8170746	4570415	3600330
安徽	32149774	16497001	15652774
福建	26177741	15143192	11034549
江西	9128527	5180623	3947904
山东	39096912	16169247	22927665
河南	25991915	12904658	13087257
湖北	132268404	82855972	49412432
湖南	42612516	18349037	24263479
广东	102567754	57782823	44784931
广西	36820743	17918196	18902546
海南	848661	301392	547269
重庆	24412767	15511922	8900845
四川	33764709	18664462	15100248
贵州	24818508	14224886	10593622
云南	16264975	7599492	8665483
西藏	1434621	766090	668532
陕西	32129823	15541069	16588755
甘肃	11047630	4053692	6993937
青海	6523069	4136786	2386283
宁夏	2712588	979601	1732987
新疆	8867178	5902390	2964787

2-2 各地区国有建筑业企业承包工程完成情况

单位：万元

地 区	直接从建设单位承揽工程完成的产值	自行完成施工产值	分包出去工程的产值	从建设单位以外承揽工程完成的产值
全国总计	**305946396**	**290288300**	**15658096**	**16335225**
北 京	26982705	24121708	2860997	4911552
天 津	7260424	6689307	571117	654686
河 北	9350626	9337386	13240	418225
山 西	6178178	6178151	27	126911
内蒙古	1767574	1766165	1409	84036
辽 宁	4250320	3791954	458367	149954
吉 林	1177068	1152766	24302	173214
黑龙江	2553055	2389886	163169	21385
上 海	23958761	22136712	1822048	1174809
江 苏	14188474	13925384	263089	356495
浙 江	3365946	2959625	406321	181787
安 徽	11839275	11380646	458629	199114
福 建	7065906	7004227	61678	63626
江 西	4521623	4466020	55603	72337
山 东	17522445	17448266	74178	138997
河 南	9516498	9482288	34210	898545
湖 北	33808090	33700324	107766	383581
湖 南	17253099	17162740	90359	881468
广 东	30743592	24830682	5912910	1902922
广 西	14249765	12655244	1594521	901949
海 南	482498	475631	6867	
重 庆	6372845	6255561	117284	260562
四 川	11948656	11654885	293771	403240
贵 州	8788553	8762424	26129	12753
云 南	6483266	6480160	3106	396782
西 藏	409724	408957	767	767
陕 西	12581535	12500967	80568	1109845
甘 肃	5257486	5140974	116512	19578
青 海	1629895	1629558	338	435905
宁 夏	1605812	1605132	680	
新 疆	2832705	2794571	38134	200

2-3 各地区国有企业建筑业总产值和竣工产值

单位：万元

地区	建筑业总产值	#装饰装修产值	#在外省完成的产值	按构成分组			竣工产值
				建筑工程产值	安装工程产值	其他产值	
全国总计	**306623525**	**6513206**	**140314014**	**272764328**	**24634900**	**9224298**	**120020348**
北京	29033260	1856326	21478032	28142854	796325	94081	14222259
天津	7343993	6952	5890162	6883244	406514	54234	1870064
河北	9755612	248662	4486846	8264311	1169786	321515	2332768
山西	6305062	76964	1105955	5699937	297669	307455	2362428
内蒙古	1850201	65569	1162327	1604081	233946	12174	353739
辽宁	3941908	137230	1541718	3150498	524428	266982	1550481
吉林	1325980	1439	705012	1033189	207714	85078	541278
黑龙江	2411270	3388	690669	1175363	1142772	93135	1257422
上海	23311521	859205	18093003	20560419	2474152	276950	10955018
江苏	14281879	31628	7662334	13126112	523001	632766	6349998
浙江	3141412	43826	828145	2809704	321362	10346	1459841
安徽	11579760	9928	5667412	10825338	626457	127965	3110667
福建	7067853	81923	1172583	6461891	604376	1587	2871664
江西	4538357	103579	2267915	3860335	423089	254933	2480370
山东	17587263	437540	5146946	15215418	2107734	264111	6028804
河南	10380832	363998	3271136	8655243	1615914	109675	4215139
湖北	34083905	40713	22307696	30788745	2039905	1255254	18586618
湖南	18044208	332209	7529154	15806563	1466997	770648	7093604
广东	26733604	835237	8791099	24383011	1186632	1163961	10068738
广西	13557193	144547	3782733	10748525	1564795	1243874	6620932
海南	475631	32794	5623	424358	45377	5897	274096
重庆	6516124	74279	2614618	5902423	437689	176012	1417786
四川	12058125	150351	2942265	10880539	827492	350094	3317217
贵州	8775177	33112	1413406	7336424	894316	544438	1196626
云南	6876942	10227	1073053	6460374	349876	66692	976897
西藏	409724	260	10689	393890	7907	7927	199115
陕西	13610811	462028	5054107	12232584	879966	498262	4333901
甘肃	5160552	51240	1563032	4206733	851984	101836	1201013
青海	2065463	1700	1657525	1740723	258153	66588	1216825
宁夏	1605132	900	365162	1358816	231436	14881	625982
新疆	2794771	15455	33657	2632683	117140	44948	929059

2-4 各地区国有建筑业企业房屋建筑面积

地　　区	房　　屋 施工面积 (万平方米)	#本年新开工	房　　屋 竣工面积 (万平方米)	房屋竣工率 (%)
全国总计	**158002**	**44674**	**26708**	**16.9**
北　　京	22786	6992	2743	12.0
天　　津	1949	463	195	10.0
河　　北	4375	1666	575	13.1
山　　西	2445	778	588	24.0
内 蒙 古	1587	737	105	6.6
辽　　宁	1163	655	290	25.0
吉　　林	82	44	37	45.8
黑 龙 江	854	303	143	16.7
上　　海	16825	4354	2593	15.4
江　　苏	7120	1965	1053	14.8
浙　　江	345	130	55	15.9
安　　徽	7182	1456	793	11.0
福　　建	2732	827	624	22.8
江　　西	1443	604	545	37.8
山　　东	7420	2856	1261	17.0
河　　南	1994	620	602	30.2
湖　　北	18242	3848	3783	20.7
湖　　南	10287	3218	1793	17.4
广　　东	21779	4941	3928	18.0
广　　西	6393	1414	1455	22.8
海　　南	128	25	65	50.6
重　　庆	1903	596	233	12.2
四　　川	6199	1965	986	15.9
贵　　州	1576	531	231	14.7
云　　南	1086	258	130	11.9
西　　藏	55	9	56	100.9
陕　　西	5437	1592	1063	19.6
甘　　肃	3054	1130	367	12.0
青　　海	124	61	18	14.2
宁　　夏	702	390	217	31.0
新　　疆	737	247	184	24.9

2-5 各地区按主要用途分的国有建筑业企业房屋竣工面积

地区	总计	住宅房屋	商业及服务用房屋	办公用房屋	科研、教育和医疗用房屋
全国总计	**26708**	**16128**	**3386**	**1688**	**1581**
北京	2743	1683	282	210	247
天津	195	102		14	31
河北	575	207	89	37	64
山西	588	421	31	18	67
内蒙古	105	22	6	4	
辽宁	290	207	15	6	9
吉林	37	34	1	1	
黑龙江	143	88	1	2	15
上海	2593	435	1382	426	97
江苏	1053	764	22	99	14
浙江	55	9	12	1	3
安徽	793	573	21	47	65
福建	624	396	24	59	12
江西	545	376	36	13	12
山东	1261	720	75	285	68
河南	602	408	84	10	48
湖北	3783	1808	748	153	155
湖南	1793	1260	92	30	166
广东	3928	3285	149	94	178
广西	1455	1025	50	55	97
海南	65	23	28	5	5
重庆	233	130	40	7	7
四川	986	680	66	28	41
贵州	231	158	24	6	13
云南	130	90	9	3	10
西藏	56	42	1	9	1
陕西	1063	728	39	47	67
甘肃	367	208	26	9	35
青海	18	6			12
宁夏	217	105	14	10	43
新疆	184	136	20	3	3

2-5 续表 单位：万平方米

地 区	文化、体育和娱乐用房屋	厂房及建筑物	仓 库	其他未列明的房屋建筑物
全国总计	**382**	**2285**	**169**	**1089**
北 京	69	151	13	86
天 津	11	16	2	19
河 北	14	147	1	17
山 西	11	19		22
内蒙古		42		32
辽 宁		40		14
吉 林		1		
黑龙江	10	19		7
上 海	94	87		72
江 苏	18	117	3	17
浙 江		5		25
安 徽		73	3	12
福 建	38	96		
江 西		98	1	9
山 东	4	84	1	23
河 南		48	1	4
湖 北	43	391	97	387
湖 南	29	174	3	39
广 东	5	146	15	57
广 西	11	142		75
海 南	1	3		
重 庆		13		35
四 川	3	112	1	55
贵 州		26	1	3
云 南	4	12	1	1
西 藏			4	
陕 西	6	127	22	28
甘 肃	2	53	1	34
青 海				
宁 夏	7	32		7
新 疆	1	11		10

2-6 各地区按主要用途分的国有建筑业企业房屋竣工价值

地　区	总计	住宅房屋	商业及服务用房屋	办公用房　屋	科研、教育和医疗用房屋
全国总计	**58173987**	**29535948**	**9819241**	**4745532**	**4602302**
北　京	8279691	3460218	1468741	866134	961381
天　津	556420	218513		76510	89128
河　北	1338707	309849	222052	82058	186722
山　西	1047759	642692	73329	52776	164147
内蒙古	159828	19550	6481	3583	
辽　宁	355448	189087	20621	18351	27263
吉　林	65469	60837	912	1116	500
黑龙江	234084	133278	3383	3599	16519
上　海	6887779	796620	3742140	1088362	297055
江　苏	1850309	1377124	23482	97057	27418
浙　江	109835	17770	30487	5014	8389
安　徽	1345984	871635	26712	102842	118443
福　建	1547504	822735	102694	202265	29481
江　西	939590	617836	98091	21633	24025
山　东	3134169	1652332	127860	1014043	105991
河　南	1006436	625932	153794	28961	90878
湖　北	8220464	3207642	2541240	406486	601366
湖　南	3302400	2164303	179699	51473	445904
广　东	7654974	6234156	223207	195278	520578
广　西	2860759	1844988	135379	118699	199493
海　南	137401	33889	72924	10218	9718
重　庆	429631	205716	107404	17921	17125
四　川	1823876	1080676	136722	65941	145566
贵　州	422714	259259	54512	10011	38139
云　南	302191	216112	16357	3017	26046
西　藏	168728	128252	3439	22427	1329
陕　西	2462089	1514492	111397	123983	214671
甘　肃	678603	415719	49597	24381	85659
青　海	53113	10183	10	1041	41305
宁　夏	432971	160244	31694	23136	99658
新　疆	365062	244311	54886	7217	8409

2-6 续表　　单位：万元

地　区	文化、体育和娱乐用房屋	厂房及建筑物	仓　库	其他未列明的房屋建筑物
全国总计	**1981822**	**4576127**	**212406**	**2700610**
北　京	645128	498870	53110	326111
天　津	20328	44641	2888	104413
河　北	67165	291475	1498	177889
山　西	28087	53250	282	33195
内蒙古		47920		82293
辽　宁		73115		27012
吉　林		2105		
黑龙江	35718	28753	278	12558
上　海	441209	349811		172582
江　苏	35882	216962	12466	59919
浙　江	772	10583		36820
安　徽		142684	9516	74153
福　建	202950	187380		
江　西		162851	1550	13605
山　东	12309	172607	1499	47528
河　南		96211	2259	8402
湖　北	207205	565742	33673	657112
湖　南	154242	268513	8116	30150
广　东	18514	208014	18872	236356
广　西	22729	229763	326	309381
海　南	3574	7078		
重　庆		28413		53051
四　川	13203	256903	7822	117045
贵　州	591	48440	4234	7529
云　南	6729	27441	5271	1220
西　藏			13281	
陕　西	34252	390833	30995	41466
甘　肃	7026	61376	3764	31080
青　海	5	10	5	554
宁　夏	22516	81024		14699
新　疆	1688	23361	701	24490

2-7 各地区国有建筑业企业主要生产效益指标

地区	建筑业企业个数(个)	从事建筑业活动的平均人数(人)	按总产值计算的劳动生产率(元/人)	人均竣工产值(元/人)	人均施工面积(平方米/人)	人均竣工面积(平方米/人)
全国总计	**3309**	**5222483**	**587122**	**229815**	**302.5**	**51.1**
北京	96	422860	686593	336335	538.8	64.9
天津	60	89609	819560	208692	217.5	21.7
河北	105	72584	1344044	321389	602.7	79.2
山西	121	110663	569753	213480	220.9	53.1
内蒙古	24	18043	1025440	196053	879.5	58.2
辽宁	166	163825	240617	94642	71.0	17.7
吉林	56	18182	729282	297700	44.8	20.5
黑龙江	112	76731	314250	163874	111.3	18.6
上海	69	269487	865033	406514	624.3	96.2
江苏	184	258260	553004	245876	275.7	40.8
浙江	88	53602	586062	272348	64.3	10.2
安徽	78	150947	767141	206077	475.8	52.5
福建	76	402470	175612	71351	67.9	15.5
江西	93	79395	571618	312409	181.7	68.6
山东	324	230382	763396	261687	322.1	54.7
河南	121	193159	537424	218221	103.2	31.2
湖北	194	189668	1797030	979955	961.8	199.4
湖南	166	369933	487770	191754	278.1	48.5
广东	238	567619	470978	177386	383.7	69.2
广西	90	246715	549508	268364	259.1	59.0
海南	11	11395	417403	240541	112.3	56.9
重庆	92	106774	610273	132784	178.3	21.8
四川	178	342684	351873	96801	180.9	28.8
贵州	117	192763	455231	62078	81.8	12.0
云南	91	100272	685829	97425	108.3	12.9
西藏	20	11510	355972	172993	47.9	48.3
陕西	134	226773	600195	191112	239.7	46.9
甘肃	76	108711	474704	110478	281.0	33.8
青海	25	25292	816647	481110	49.1	7.0
宁夏	47	46210	347356	135465	151.9	47.0
新疆	57	65965	423675	140841	111.7	27.8

2-8 各地区国有建筑业企业资产构成

单位：万元

地区	资产合计	流动资产合计	#存货
全国总计	**451311892**	**333112262**	**53506456**
北京	57077389	42348652	4069050
天津	14371083	10238918	842706
河北	8742731	6968825	1358931
山西	16795309	9988532	1370877
内蒙古	3163832	2604548	356410
辽宁	6797007	5581403	662506
吉林	2899494	1419528	275501
黑龙江	5309696	4815213	743556
上海	31790559	23921654	3166309
江苏	21665779	16008293	3093549
浙江	4941746	3754480	611809
安徽	11739172	9472725	1288925
福建	7047952	5215304	828688
江西	3966608	3295442	686927
山东	24565441	19653191	3398147
河南	13033106	9613275	1661828
湖北	57484347	39543800	9796337
湖南	13302153	9254689	1727087
广东	33981513	24796905	2131275
广西	11847950	8477700	1420231
海南	453901	395222	28760
重庆	9392172	7267920	969650
四川	17676858	12146649	3952116
贵州	25330827	19217557	2427379
云南	8876808	7273242	1358978
西藏	1011441	860202	154741
陕西	16266602	13328435	1924306
甘肃	12055267	8074242	1923612
青海	3405641	2174857	498527
宁夏	1695100	1541381	205429
新疆	4624411	3859478	572308

2-9 各地区国有建筑业企业固定资产情况

单位：万元

地区	固定资产原价	固定资产折旧	#本年折旧	在建工程
全国总计	**32517068**	**15377679**	**2063288**	**8782620**
北京	2097476	1058738	134706	170998
天津	1307831	804586	88059	17012
河北	868510	478949	42984	45109
山西	594109	254750	33572	116851
内蒙古	386060	206803	21758	73423
辽宁	885075	476267	36623	29235
吉林	444589	157504	18145	920144
黑龙江	686099	413164	26056	27691
上海	2545552	1333250	138655	100362
江苏	1928847	950730	135300	147445
浙江	383001	138161	19555	58257
安徽	1000875	529233	73416	417698
福建	648225	233668	33934	101552
江西	378426	150631	31411	163297
山东	2273238	1069671	134702	340326
河南	1763550	656230	108645	387528
湖北	4646516	2047793	317686	2883304
湖南	1169027	411897	57496	278265
广东	1526113	805230	96789	332458
广西	853086	463692	84913	97106
海南	14483	9369	5816	12648
重庆	708926	342759	47795	174300
四川	1052648	343483	57122	581182
贵州	731130	295260	49169	777588
云南	399990	165048	20560	308423
西藏	27373	11687	1247	3
陕西	1461637	947500	190024	28972
甘肃	746919	149158	16037	68371
青海	515684	254936	15308	14403
宁夏	167681	86962	7032	12321
新疆	304392	130571	18774	96350

2-10 各地区国有建筑业企业负债及所有者权益

单位：万元

地区	负债合计	#流动负债	#应付账款	所有者权益	#实收资本
全国总计	**345782604**	**303122412**	**120264495**	**105506172**	**48440564**
北京	44344046	39101727	15552987	12733343	6049393
天津	11175081	10721686	4849019	3196001	1738514
河北	7213850	6510204	2810176	1528881	1254899
山西	12830161	9914303	3014677	3965147	1957436
内蒙古	2380397	2267740	681696	783435	639406
辽宁	5522810	5134750	1714532	1274197	888104
吉林	1533033	1324597	572040	1366462	301132
黑龙江	4536531	4149409	1512786	773165	1016369
上海	25419509	24533567	11293918	6371050	2713806
江苏	15231428	13483009	4323517	6411234	1584789
浙江	3765101	3491160	1021694	1176645	636516
安徽	9613503	8540167	4201887	2125669	1155112
福建	5704448	4743169	1582381	1343504	695944
江西	3285765	3025576	1063299	680843	604288
山东	19867099	18045049	7678640	4698341	2849390
河南	10233440	8643442	2967537	2799666	1600169
湖北	43153686	35035507	14149844	14330661	3712480
湖南	9279729	7740070	3120892	4022425	2650799
广东	26159586	24797680	10464322	7821927	4394245
广西	8734516	7506480	2349746	3113434	1759743
海南	328209	293887	132430	125692	86011
重庆	7591226	6778640	2096049	1800946	1116531
四川	12935337	10182439	3874591	4741521	2364245
贵州	19008346	14852548	4275800	6322480	1918567
云南	6306828	5883086	2752350	2569981	1026997
西藏	655256	558915	270451	356185	115633
陕西	13049248	11841010	5967046	3217354	1889722
甘肃	8306876	7058268	3088104	3748391	762430
青海	2504616	2300912	934269	901025	346555
宁夏	1364368	1348915	629089	330732	196892
新疆	3748574	3314504	1318730	875837	414447

2-11 各地区国有建筑业企业收入情况

单位：万元

地　区	主营业务收入	#主营业务成本	#主营业务税金及附加	其他业务收入	#其他业务利润
全国总计	**314081515**	**289803540**	**1383240**	**2694783**	**389857**
北　京	33401575	30955421	75742	254145	31646
天　津	8923434	8216412	20546	45059	3737
河　北	8287379	7814949	29480	51897	2783
山　西	5997225	4927047	31113	80704	23670
内蒙古	2036850	1881896	7385	8139	1848
辽　宁	4375794	3961340	19546	106247	8852
吉　林	1307357	1193644	6179	20337	2199
黑龙江	3019788	2878069	11163	27446	-2776
上　海	29952978	27989092	69591	119940	61413
江　苏	13024093	12030235	69668	102151	14664
浙　江	3427922	3160609	9326	41782	10265
安　徽	11439400	10681752	31848	87863	7910
福　建	5341125	5072711	18080	48299	4489
江　西	3675468	3404991	38240	25905	3581
山　东	19304499	17884396	65626	196553	13160
河　南	10335863	9264547	114037	91673	26607
湖　北	39309505	35722578	226915	311825	38816
湖　南	15741228	14400100	133538	33925	4011
广　东	29126963	27292182	127375	178408	32536
广　西	11667637	10918086	43052	78613	18077
海　南	530724	503291	3901	2179	
重　庆	5148384	4716655	26275	19263	-1195
四　川	9404647	8647418	46598	164929	9873
贵　州	8006103	7190197	30816	99266	18788
云　南	5786626	5323667	18524	79289	35457
西　藏	569109	505800	1872	85628	375
陕　西	12931784	12022671	65187	111613	4384
甘　肃	5110620	4875145	15616	167509	4383
青　海	2490510	2288709	9435	23241	3115
宁　夏	1653128	1550720	7466	4252	1429
新　疆	2753797	2529211	9099	26704	5760

2-12 各地区国有建筑业企业费用情况

单位：万元

地 区	管理费用	销售费用	研发费用	财务费用	#利息收入	#利息支出
全国总计	**8520574**	**428028**	**4754748**	**2495078**	**1256762**	**3006389**
北 京	736127	18667	824608	58334	405650	380656
天 津	212796	12217	232842	35830	36562	69879
河 北	273803	2724	76922	63973	2910	55517
山 西	281478	5114	126345	152562	72106	212341
内蒙古	91190	375	11524	38481	2586	36629
辽 宁	231203	1440	44740	26675	5182	22442
吉 林	54581	578	27506	9360	1351	9159
黑龙江	119135	574	14285	12758	4042	10098
上 海	547323	33394	565597	95553	110711	169103
江 苏	307928	33193	118628	99795	28979	89465
浙 江	106823	3774	35144	18454	7781	26397
安 徽	219394	11010	224704	68014	17757	50435
福 建	139085	2612	40197	38641	5620	59634
江 西	116114	4557	39373	26922	7974	24301
山 东	539763	16060	145443	148984	23451	149817
河 南	348603	20079	131449	116302	31608	118959
湖 北	1325699	164138	685723	345202	124990	375036
湖 南	500185	14295	315066	92689	96287	127880
广 东	574295	23182	495815	137192	60114	154317
广 西	317552	8391	130527	167166	21174	163885
海 南	9535	218		533	-357	562
重 庆	146820	8450	84204	64787	13561	39776
四 川	306720	25623	70665	123794	33175	114827
贵 州	207958	4527	60923	239069	10821	130561
云 南	140988	4492	24739	53113	-805	63308
西 藏	14465	64		2268	187	105
陕 西	317772	5690	127786	174370	32860	185998
甘 肃	116867	1306	12356	40998	77158	113576
青 海	84434	322	68977	15021	3945	17467
宁 夏	49858	213	1763	5543	1666	3883
新 疆	82084	754	16901	22695	17718	30379

2-13 各地区国有建筑业企业利润及税金情况

单位：万元

地区	利润总额	#应交所得税	税金总额	主营业务税金及附加	应交增值税
全国总计	**9078995**	**1647931**	**6171907**	**1383240**	**4788667**
北京	1125179	155287	446950	75742	371208
天津	251493	49774	111977	20546	91431
河北	67229	13895	158284	29480	128804
山西	62328	1926	186970	31113	155858
内蒙古	-5852	4272	26100	7385	18715
辽宁	113557	28520	142393	19546	122847
吉林	19647	5102	26255	6179	20076
黑龙江	-40393	12482	74739	11163	63576
上海	861365	96767	221151	69591	151560
江苏	385035	81703	288338	69668	218670
浙江	126207	27177	71348	9326	62022
安徽	150944	48482	167643	31848	135795
福建	97475	25592	85906	18080	67826
江西	56033	18081	113983	38240	75743
山东	580863	103882	344086	65626	278459
河南	399659	53697	317221	114037	203184
湖北	1641413	367332	916541	226915	689626
湖南	429723	60623	513406	133538	379869
广东	689529	135902	524389	127375	397014
广西	287554	44229	284583	43052	241531
海南	12291	8848	23844	3901	19943
重庆	126957	18875	111203	26275	84928
四川	367545	55017	249703	46598	203106
贵州	406116	72323	170827	30816	140012
云南	325025	49374	81454	18524	62930
西藏	39102	3805	10931	1872	9059
陕西	284086	39342	273900	65187	208712
甘肃	22480	15236	101640	15616	86024
青海	28486	13053	23281	9435	13846
宁夏	36434	8172	47579	7466	40113
新疆	131485	29162	55283	9099	46184

2-14 各地区国有建筑业企业应收工程款及企业亏损情况

地区	应收工程款（万元）	企业个数（个）	#亏损企业个数	亏损企业的比重（%）
全国总计	**80031766**	**3309**	**548**	**16.6**
北京	8186948	96	15	15.6
天津	2022632	60	14	23.3
河北	2232002	105	31	29.5
山西	2904812	121	35	28.9
内蒙古	715233	24	6	25.0
辽宁	1622942	166	34	20.5
吉林	479574	56	18	32.1
黑龙江	2074182	112	37	33.0
上海	4636983	69	4	5.8
江苏	3831353	184	11	6.0
浙江	710421	88	12	13.6
安徽	2539898	78	11	14.1
福建	940619	76	14	18.4
江西	944546	93	14	15.1
山东	5913629	324	75	23.2
河南	2577511	121	14	11.6
湖北	6740535	194	9	4.6
湖南	2614630	166	8	4.8
广东	5484772	238	22	9.2
广西	1830165	90	16	17.8
海南	129274	11	2	18.2
重庆	1894306	92	11	12.0
四川	2528751	178	26	14.6
贵州	4357033	117	35	29.9
云南	2616085	91	17	18.7
西藏	349712	20	2	10.0
陕西	4507354	134	22	16.4
甘肃	2205897	76	14	18.4
青海	424953	25	4	16.0
宁夏	685638	47	5	10.6
新疆	1329379	57	10	17.5

2-15 各地区国有建筑业企业主要经济效益指标

地　区	产值利润率 (%)	产值利税率 (%)	资本利润率 (%)	资本利税率 (%)	人均利润 (元/人)	人均利税 (元/人)	资产负债率 (%)
全国总计	**3.0**	**5.0**	**18.7**	**31.5**	**17384**	**29202**	**76.6**
北　京	3.9	5.4	18.6	26.0	26609	37179	77.7
天　津	3.4	4.9	14.5	20.9	28066	40562	77.8
河　北	0.7	2.3	5.4	18.0	9262	31069	82.5
山　西	1.0	4.0	3.2	12.7	5632	22528	76.4
内蒙古	-0.3	1.1	-0.9	3.2	-3243	11222	75.2
辽　宁	2.9	6.5	12.8	28.8	6932	15623	81.3
吉　林	1.5	3.5	6.5	15.2	10806	25246	52.9
黑龙江	-1.7	1.4	-4.0	3.4	-5264	4476	85.4
上　海	3.7	4.6	31.7	39.9	31963	40170	80.0
江　苏	2.7	4.7	24.3	42.5	14909	26074	70.3
浙　江	4.0	6.3	19.8	31.0	23545	36856	76.2
安　徽	1.3	2.8	13.1	27.6	10000	21106	81.9
福　建	1.4	2.6	14.0	26.3	2422	4556	80.9
江　西	1.2	3.7	9.3	28.1	7058	21414	82.8
山　东	3.3	5.3	20.4	32.5	25213	40149	80.9
河　南	3.8	6.9	25.0	44.8	20691	37114	78.5
湖　北	4.8	7.5	44.2	68.9	86541	134865	75.1
湖　南	2.4	5.2	16.2	35.6	11616	25495	69.8
广　东	2.6	4.5	15.7	27.6	12148	21386	77.0
广　西	2.1	4.2	16.3	32.5	11655	23190	73.7
海　南	2.6	7.6	14.3	42.0	10787	31711	72.3
重　庆	1.9	3.7	11.4	21.3	11890	22305	80.8
四　川	3.0	5.1	15.5	26.1	10726	18012	73.2
贵　州	4.6	6.6	21.2	30.1	21068	29930	75.0
云　南	4.7	5.9	31.6	39.6	32414	40538	71.0
西　藏	9.5	12.2	33.8	43.3	33972	43469	64.8
陕　西	2.1	4.1	15.0	29.5	12527	24605	80.2
甘　肃	0.4	2.4	2.9	16.3	2068	11417	68.9
青　海	1.4	2.5	8.2	14.9	11263	20468	73.5
宁　夏	2.3	5.2	18.5	42.7	7885	18181	80.5
新　疆	4.7	6.7	31.7	45.1	19933	28313	81.1

2-16 各地区集体建筑业企业签订合同情况

单位：万元

地 区	签订合同额	上年结转合同额	本年新签合同额
全国总计	**53651624**	**19598843**	**34052780**
北 京	1899791	710039	1189753
天 津	935685	364731	570954
河 北	1210222	501503	708720
山 西	471023	171196	299826
内蒙古	72901	564	72337
辽 宁	976839	235682	741157
吉 林	185499	35881	149618
黑龙江	357917	97090	260827
上 海	397077	152634	244443
江 苏	1112796	443816	668981
浙 江	2473994	1378744	1095250
安 徽	911406	216200	695206
福 建	2555856	1312662	1243194
江 西	4316377	1313180	3003197
山 东	4099852	1713353	2386499
河 南	2333694	640110	1693584
湖 北	952784	184475	768309
湖 南	3246683	903572	2343112
广 东	9611106	4856332	4754775
广 西	3409152	1092015	2317137
海 南	352228	154948	197280
重 庆	1071863	267813	804050
四 川	4157757	1061601	3096156
贵 州	1342065	553243	788823
云 南	1508202	255742	1252460
西 藏	24496	7171	17325
陕 西	2295987	570783	1725204
甘 肃	1053660	319288	734372
青 海	195242	52064	143178
宁 夏	52740	25936	26804
新 疆	66733	6479	60254

2-17 各地区集体建筑业企业承包工程完成情况

单位：万元

地区	直接从建设单位承揽工程完成的产值	自行完成施工产值	分包出去工程的产值	从建设单位以外承揽工程完成的产值
全国总计	**36683529**	**36471832**	**211698**	**437595**
北京	721074	678832	42242	22366
天津	428611	428611		1828
河北	899960	898604	1357	1532
山西	278288	278288		7056
内蒙古	58796	58796		
辽宁	724707	721498	3210	13505
吉林	135312	128527	6785	8871
黑龙江	241635	241305	330	362
上海	234773	222273	12500	5917
江苏	875500	875242	258	20099
浙江	1141071	1141071		43017
安徽	832054	831848	206	12216
福建	1692855	1692855		
江西	3352386	3331681	20705	27183
山东	2386911	2372779	14132	52600
河南	2421920	2417733	4187	28921
湖北	753394	751743	1651	12581
湖南	2618605	2617944	661	2354
广东	4686389	4640356	46033	35314
广西	2578643	2565841	12803	14348
海南	197093	197093		30
重庆	947806	947686	120	9396
四川	3786714	3786711	3	40861
贵州	723964	710931	13032	17755
云南	1192455	1187442	5014	16237
西藏	21933	21933		64
陕西	1871575	1860856	10719	19155
甘肃	638822	623073	15750	21363
青海	152650	152650		
宁夏	41659	41659		
新疆	45972	45972		2665

2-18 各地区集体企业建筑业总产值和竣工产值

单位：万元

地区	建筑业总产值	#装饰装修产值	#在外省完成的产值	按构成分组			竣工产值
				建筑工程产值	安装工程产值	其他产值	
全国总计	**36909427**	**1178671**	**3850354**	**32448876**	**2643368**	**1817183**	**21923289**
北京	701198	87549	95185	673487	2431	25281	388555
天津	430439	172	6704	373959	47270	9210	173924
河北	900135	102816	194546	736621	112638	50876	330037
山西	285344	8938		241078	37981	6284	227705
内蒙古	58796	273		51422	688	6686	26791
辽宁	735002	21724	46580	499326	120786	114890	406083
吉林	137398		179	54298	79050	4050	108886
黑龙江	241667	5259	660	187173	43490	11004	163430
上海	228190	73811	14870	165484	62603	104	169475
江苏	895341	58060	174260	866710	22259	6372	830786
浙江	1184089	27470	291605	1153287	22497	8304	775822
安徽	844063	9745	513590	518690	21935	303438	533770
福建	1692855	34148	878636	1687708	5148		1005465
江西	3358864	43716	233888	3113446	191963	53455	2137458
山东	2425379	75578	53216	2223717	176655	25007	1560118
河南	2446654	37338	29873	2041976	79624	325055	1118035
湖北	764324	5711	2422	658786	103234	2304	498413
湖南	2620298	113612	235517	2330953	190297	99048	1816438
广东	4675670	207696	182931	4309747	231860	134063	2898166
广西	2580188	71085	1266	2386819	93222	100147	1482862
海南	197123			187395	1926	7802	175089
重庆	957083	7549	32983	875568	54084	27430	671290
四川	3827573	19476	849829	2974316	603411	249845	1694552
贵州	728687	53681		627611	48459	52617	372654
云南	1203678	70123		1115578	33301	54799	799688
西藏	21997	1652		21397		600	18621
陕西	1880011	28553	1666	1641040	137835	101136	940378
甘肃	644436	12578	9811	534500	89359	20577	424393
青海	152650	360		142177	9339	1134	104080
宁夏	41659			41659			40849
新疆	48637		136	12949	20023	15666	29479

2-19 各地区集体建筑业企业房屋建筑面积

地区	房屋施工面积(万平方米)	#本年新开工	房屋竣工面积(万平方米)	房屋竣工率(%)
全国总计	**24403**	**11702**	**10439**	**42.8**
北京	654	131	85	13.0
天津	329	118	33	10.0
河北	725	284	157	21.6
山西	177	83	83	46.8
内蒙古	38	38	17	43.1
辽宁	313	193	136	43.3
吉林	19	19	4	21.3
黑龙江	76	50	36	47.2
上海	69	54	37	53.6
江苏	589	178	285	48.3
浙江	1355	314	281	20.7
安徽	379	277	310	81.9
福建	1915	515	254	13.3
江西	2103	1372	1196	56.9
山东	2391	1131	946	39.6
河南	1378	839	758	55.0
湖北	524	339	315	60.1
湖南	2262	1455	1292	57.1
广东	3572	1252	1276	35.7
广西	1749	792	780	44.6
海南	123	71	83	67.5
重庆	344	203	248	72.0
四川	883	607	642	72.7
贵州	517	222	135	26.1
云南	438	281	290	66.2
西藏	5	3	4	74.4
陕西	1024	616	520	50.8
甘肃	392	228	190	48.3
青海	31	19	25	80.0
宁夏	24	13	21	89.6
新疆	6	6	3	50.8

2-20 各地区按主要用途分的集体建筑业企业房屋竣工面积

地 区	总计	住宅房屋	商业及服务用房屋	办公用房 屋	科研、教育和医疗用房屋
全国总计	**10439**	**6968**	**678**	**669**	**664**
北 京	85	72	2	8	3
天 津	33	24	6	1	2
河 北	157	128	2	4	10
山 西	83	77		2	
内蒙古	17	12			
辽 宁	136	64	1	2	29
吉 林	4	4			
黑龙江	36	25		1	2
上 海	37	16	11	9	
江 苏	285	218	1	11	
浙 江	281	160	11	11	16
安 徽	310	210		21	31
福 建	254	224	6	3	3
江 西	1196	828	113	40	43
山 东	946	733	42	25	44
河 南	758	579	37	41	28
湖 北	315	219	36	8	6
湖 南	1292	805	44	149	126
广 东	1276	755	106	104	53
广 西	780	397	82	68	137
海 南	83	57	2	5	12
重 庆	248	172	14	2	8
四 川	642	477	49	29	12
贵 州	135	82	24	5	12
云 南	290	143	39	17	26
西 藏	4	4			
陕 西	520	341	26	92	32
甘 肃	190	122	13	9	21
青 海	25	10	10	2	2
宁 夏	21	11	3		6
新 疆	3	3			

2-20 续表

单位：万平方米

地　区	文化、体育和娱乐用房屋	厂房及建筑物	仓　库	其他未列明的房屋建筑物
全国总计	**82**	**1011**	**63**	**305**
北　京				1
天　津		1		
河　北		10	1	3
山　西		3		1
内蒙古				5
辽　宁	1	34		5
吉　林				
黑龙江		6		1
上　海		2		
江　苏		53	2	1
浙　江	4	76		3
安　徽	1	38	1	8
福　建		17		
江　西	17	128	11	16
山　东	2	89	1	11
河　南	1	54	5	12
湖　北		42		3
湖　南	6	90	15	58
广　东	15	181	10	53
广　西	16	31	2	49
海　南	1	1	1	4
重　庆	3	16	9	23
四　川	1	69	2	3
贵　州	1	1		9
云　南	7	37	1	20
西　藏				
陕　西	3	21		5
甘　肃	4	8	1	11
青　海	1			1
宁　夏		2		
新　疆				

2-21 各地区按主要用途分的集体建筑业企业房屋竣工价值

地区	总计	住宅房屋	商业及服务用房屋	办公用房屋	科研、教育和医疗用房屋
全国总计	**15522150**	**10358512**	**1036202**	**916362**	**1063359**
北京	232997	184612	2772	36140	7226
天津	99533	71608	19980	307	4196
河北	246460	186552	3392	6056	29703
山西	144575	133589	222	3448	78
内蒙古	19514	14738			
辽宁	132773	65476	2126	2680	21532
吉林	6697	6393			
黑龙江	61279	42079	840	2218	5427
上海	56338	16516	18079	12712	
江苏	528668	416553	1271	22106	86
浙江	586667	378459	24909	22834	40363
安徽	331667	234024	490	21615	28180
福建	640006	594925	11059	7110	2589
江西	1621250	1161730	144192	48938	55745
山东	1277371	953393	61126	39313	72208
河南	869554	645768	40561	40470	34222
湖北	396813	276713	52514	9644	6822
湖南	1537606	940272	62924	133977	170657
广东	2158410	1295366	156224	195655	110110
广西	1097710	517507	133400	95896	227135
海南	170698	104797	4397	13458	31887
重庆	459933	290376	29934	3460	11987
四川	899615	623768	81734	43839	21808
贵州	227244	149224	30751	7731	27003
云南	465319	235788	53284	27716	45742
西藏	17234	16910		225	
陕西	777658	531589	43272	98921	50954
甘肃	362461	229143	26854	17202	41359
青海	48824	16754	21794	2693	3322
宁夏	39289	15900	8104		13018
新疆	7991	7991			

2-21 续表

单位：万元

地区	文化、体育和娱乐用房屋	厂房及建筑物	仓库	其他未列明的房屋建筑物
全国总计	**135857**	**1418072**	**91651**	**502137**
北京		58		2189
天津		3302		140
河北		15747	559	4451
山西	50	5981	50	1157
内蒙古				4776
辽宁	44	24209		16706
吉林		304		
黑龙江	925	6516		3274
上海		9031		
江苏		85190	2190	1272
浙江	13739	102003		4360
安徽	1342	36701	858	8457
福建		22836		1486
江西	19863	158652	11478	20651
山东	2126	127388	1915	19904
河南	1334	85192	7765	14244
湖北		46168	398	4554
湖南	6645	113971	23199	85962
广东	32011	271211	11392	86440
广西	23640	39919	1895	58318
海南	1802	2199	1070	11089
重庆	2451	31717	19632	70377
四川	537	119847	4100	3982
贵州	983	1409	513	9630
云南	10186	56794	1681	34129
西藏		99		
陕西	7997	32660	544	11722
甘肃	7738	16702	2414	21050
青海	2444			1817
宁夏		2267		
新疆				

2-22 各地区集体建筑业企业主要生产效益指标

地　区	建筑业企业个数(个)	从事建筑业活动的平均人数(人)	按总产值计算的劳动生产率(元/人)	人均竣工产值(元/人)	人均施工面积(平方米/人)	人均竣工面积(平方米/人)
全国总计	**2324**	**1215501**	**303656**	**180364**	**200.8**	**85.9**
北　京	74	13619	514867	285304	480.0	62.4
天　津	25	7790	552553	223266	422.1	42.1
河　北	60	27422	328253	120355	264.5	57.3
山　西	57	12705	224592	179225	139.1	65.1
内蒙古	5	2680	219387	99965	142.6	61.4
辽　宁	162	36779	199843	110412	85.0	36.9
吉　林	24	4391	312908	247976	43.9	9.3
黑龙江	60	10969	220318	148993	69.1	32.6
上　海	26	10225	223169	165745	67.9	36.4
江　苏	67	31433	284841	264304	187.3	90.5
浙　江	64	41423	285853	187293	327.0	67.8
安　徽	57	30847	273629	173038	122.9	100.6
福　建	25	62169	272299	161731	308.0	40.8
江　西	132	91004	369090	234875	231.1	131.5
山　东	301	101964	237866	153007	234.5	92.8
河　南	103	64210	381039	174122	214.6	118.1
湖　北	65	23312	327867	213801	224.8	135.0
湖　南	136	89536	292653	202872	252.6	144.2
广　东	231	146854	318389	197350	243.3	86.9
广　西	136	75732	340700	195804	231.0	103.0
海　南	11	5050	390342	346711	244.3	164.9
重　庆	42	33766	283446	198806	101.8	73.3
四　川	95	125722	304447	134786	70.2	51.0
贵　州	46	22780	319880	163588	226.8	59.2
云　南	105	40097	300192	199438	109.3	72.4
西　藏	6	650	338415	286480	78.3	58.2
陕　西	112	63382	296616	148367	161.5	82.0
甘　肃	63	32509	198233	130546	120.7	58.3
青　海	18	4318	353520	241037	72.0	57.6
宁　夏	8	1433	290709	285061	165.0	147.8
新　疆	8	730	666262	403815	86.6	44.0

2-23 各地区集体建筑业企业资产构成

地区	资产合计	流动资产合计	#存货
全国总计	**21496182**	**17703744**	**3235270**
北京	1413282	1306351	309170
天津	1071758	1036408	98608
河北	387396	309073	26421
山西	516070	462931	52418
内蒙古	37849	35872	8930
辽宁	1271532	1078645	109941
吉林	160494	130645	22298
黑龙江	400085	345314	37103
上海	176190	160322	22532
江苏	706678	612404	119501
浙江	793209	665742	105489
安徽	313833	233108	58899
福建	510822	438155	108271
江西	1410825	1104811	277434
山东	2670729	2269138	565467
河南	622522	413583	65355
湖北	361104	247941	53931
湖南	835802	575459	154756
广东	2702553	2325913	420783
广西	905150	621630	119467
海南	105386	97105	884
重庆	250945	201532	34066
四川	706356	538048	91938
贵州	467757	406673	78672
云南	624891	463695	49197
西藏	57105	41570	9646
陕西	1203580	925228	152491
甘肃	515149	414002	62657
青海	133458	108750	12799
宁夏	102582	88455	5145
新疆	61092	45243	1002

2-24 各地区集体建筑业企业固定资产情况

单位：万元

地　　区	固定资产原价	固定资产折旧	#本年折旧	在建工程
全国总计	**3130803**	**1321621**	**144216**	**411207**
北　京	107006	49568	3201	1524
天　津	21870	9409	476	16872
河　北	61509	19360	1911	824
山　西	55493	23547	3464	1947
内蒙古	2747	822	71	
辽　宁	163182	78739	4433	13813
吉　林	19526	10126	3857	437
黑龙江	74840	34109	2707	1839
上　海	17027	9245	486	5571
江　苏	101666	52034	6265	31313
浙　江	150026	62345	5394	8028
安　徽	82853	42005	3228	13250
福　建	28733	11870	976	2160
江　西	209331	71231	11600	36349
山　东	306112	141621	16142	17627
河　南	195463	85774	10977	12872
湖　北	96350	48868	5996	10741
湖　南	173793	56842	8638	23583
广　东	349192	161537	14472	43646
广　西	132692	39370	3879	35352
海　南	5803	3556	53	1371
重　庆	32011	16853	1620	8904
四　川	103480	44958	3982	13648
贵　州	53868	10284	1239	21470
云　南	180518	84791	9597	37088
西　藏	5236	2655	214	11855
陕　西	234455	87922	12166	21745
甘　肃	110604	36381	5051	16899
青　海	24852	11433	581	36
宁　夏	10631	4740	978	14
新　疆	19934	9628	562	432

2-25 各地区集体建筑业企业负债及所有者权益

单位：万元

地 区	负债合计	#流动负债	#应付账款	所有者权益	#实收资本
全国总计	**13931980**	**12400030**	**3670432**	**7564202**	**4292733**
北 京	993511	985317	268578	419770	193149
天 津	878973	742952	247358	192784	104859
河 北	243785	226347	96836	143611	73595
山 西	417222	415137	137985	98848	82428
内蒙古	31131	27556	4093	6718	6795
辽 宁	985592	886965	134010	285940	176084
吉 林	130529	125711	83433	29965	21122
黑龙江	262537	258311	141054	137549	77808
上 海	107468	106556	51304	68722	41572
江 苏	393458	375946	119560	313220	117411
浙 江	522925	501374	124117	270284	162714
安 徽	180816	160147	23037	133017	59621
福 建	320425	307616	73515	190398	98049
江 西	822198	703132	176282	588627	304370
山 东	1993021	1819599	488491	677709	431410
河 南	260910	167836	60939	361612	188250
湖 北	177969	143905	47898	183135	113090
湖 南	456882	379342	71303	378920	257660
广 东	1823285	1561632	435775	879268	434405
广 西	477817	412006	125958	427334	241261
海 南	53074	52591	9953	52312	7356
重 庆	146753	126728	46749	104192	70854
四 川	435545	341942	157072	270811	169133
贵 州	334126	311923	62642	133631	108486
云 南	314804	246159	65839	310087	175743
西 藏	28659	28341	7364	28446	8162
陕 西	602637	478274	204985	600943	412749
甘 肃	333376	306014	149543	181773	110207
青 海	90559	88784	33007	42899	20151
宁 夏	69898	69898	6130	32684	15734
新 疆	42096	41991	15623	18996	8506

2-26 各地区集体建筑业企业收入情况

单位：万元

地区	主营业务收入	#主营业务成本	#主营业务税金及附加	其他业务收入	#其他业务利润
全国总计	**31366918**	**28188776**	**816218**	**849018**	**43352**
北京	1240331	1169517	3962	9941	4621
天津	479202	432293	1091	131	5
河北	680706	628714	12730	833	61
山西	334643	318232	2358	12733	1299
内蒙古	39279	38366	205		
辽宁	769816	701854	10115	32175	950
吉林	141343	124935	610	8452	17
黑龙江	297768	259787	5468	1741	166
上海	371016	357918	1197	1187	318
江苏	778471	689108	14314	4646	-49
浙江	962624	920533	6727	5133	2426
安徽	701668	609523	37313	446	83
福建	1027227	980197	6338	1770	508
江西	2348765	2078322	75728	74100	4794
山东	2167674	1972682	35853	10214	1107
河南	1695054	1364094	150194	14330	67
湖北	651234	558432	16020	6223	21
湖南	2057769	1790519	79671	3791	1059
广东	5327571	4973077	88030	17323	2729
广西	1762698	1617652	41894	117757	805
海南	207112	191192	2307	31	31
重庆	720036	621829	26008	74301	16687
四川	2146590	1870633	67372	377329	71
贵州	703277	648670	17938	2788	1428
云南	1018932	870679	40122	8087	2828
西藏	38242	35203	97	1240	6
陕西	1683555	1460407	61706	56829	1140
甘肃	730628	651339	8444	1531	175
青海	159137	138198	1213	3956	
宁夏	49269	46225	812		
新疆	75283	68647	383		

2-27 各地区集体建筑业企业费用情况

单位：万元

地 区	管理费用	销售费用	研发费用	财务费用	#利息收入	#利息支出
全国总计	**1018025**	**153259**	**21150**	**94789**	**28603**	**59585**
北 京	55214	756		-571	814	944
天 津	22824	9	9555	875	8333	8698
河 北	13387	1234		915	-24	35
山 西	11151	754		313	1510	118
内蒙古	806			146	-1	
辽 宁	47661	1103	2	3544	499	1982
吉 林	13049	14		-15	-8	21
黑龙江	30796	236	1	-128	206	51
上 海	11035	230	-34	-182	88	1
江 苏	33233	3044	1288	2954	318	3144
浙 江	24460	2503	465	2319	425	2245
安 徽	35451	5621	3	2374	-5	624
福 建	18760	65	4192	3916	429	2218
江 西	58518	7756	102	10587	170	9443
山 东	67704	9291	794	9439	2377	5751
河 南	67445	7152	98	11889	73	4966
湖 北	23572	7777		2713	138	1501
湖 南	63575	19802	109	7544	347	1492
广 东	89745	12257	4136	3267	492	1227
广 西	46845	9054	-1	3288	150	1050
海 南	1828	44		38		1
重 庆	28498	6705		1245	65	289
四 川	83185	34740	32	10503	37	3471
贵 州	10116	134	9	189	20	20
云 南	35600	10923	350	6717	1070	4831
西 藏	1030	7		-1		
陕 西	79855	9695	50	8910	-368	4507
甘 肃	21567	2331		1683	11402	683
青 海	14672			-43	7	16
宁 夏	1603			354	6	226
新 疆	4840	24		6	35	30

2-28 各地区集体建筑业企业利润及税金情况

单位：万元

地区	利润总额	#应交所得税	税金总额	主营业务税金及附加	应交增值税
全国总计	**1086511**	**293899**	**1986815**	**816218**	**1170597**
北京	21993	6905	23203	3962	19241
天津	10928	5021	9526	1091	8435
河北	24998	8626	40959	12730	28228
山西	2328	1235	10983	2358	8625
内蒙古	-48	714	2193	205	1988
辽宁	-1015	5284	34614	10115	24499
吉林	681	1486	2420	610	1810
黑龙江	5322	2893	18076	5468	12608
上海	2763	840	9823	1197	8626
江苏	34497	8091	43516	14314	29203
浙江	10310	4734	34283	6727	27556
安徽	12531	2705	79792	37313	42480
福建	20857	7440	14469	6338	8132
江西	95171	22587	146771	75728	71044
山东	77177	15800	99758	35853	63905
河南	97869	16875	245618	150194	95424
湖北	42590	8143	37428	16020	21408
湖南	84137	13964	155600	79671	75928
广东	159659	58585	301349	88030	213319
广西	45733	19981	98262	41894	56368
海南	11734	3971	12934	2307	10627
重庆	39106	10859	40390	26008	14382
四川	111298	21237	187682	67372	120310
贵州	14367	9977	58548	17938	40610
云南	54261	8710	79581	40122	39459
西藏	1618	153	765	97	668
陕西	71020	15130	146147	61706	84441
甘肃	29076	10594	36938	8444	28494
青海	4220	1009	7956	1213	6743
宁夏	-489	28	3086	812	2274
新疆	1822	324	4147	383	3764

2-29 各地区集体建筑业企业应收工程款及企业亏损情况

地 区	应收工程款(万元)	企业个数(个)	#亏损企业个数	亏损企业的比重(%)
全国总计	**5431234**	**2324**	**396**	**17.0**
北 京	170344	74	19	25.7
天 津	287551	25	7	28.0
河 北	145669	60	12	20.0
山 西	173236	57	21	36.8
内蒙古	3032	5	2	40.0
辽 宁	356702	162	56	34.6
吉 林	54513	24	10	41.7
黑龙江	113274	60	15	25.0
上 海	32469	26	5	19.2
江 苏	224248	67	2	3.0
浙 江	160647	64	12	18.8
安 徽	66166	57	10	17.5
福 建	39378	25	3	12.0
江 西	244486	132	11	8.3
山 东	798612	301	64	21.3
河 南	119662	103	8	7.8
湖 北	74611	65	6	9.2
湖 南	217832	136	13	9.6
广 东	580253	231	25	10.8
广 西	178813	136	21	15.4
海 南	12614	11	1	9.1
重 庆	79648	42	7	16.7
四 川	272170	95	7	7.4
贵 州	131458	46	10	21.7
云 南	213190	105	15	14.3
西 藏	15174	6	1	16.7
陕 西	342733	112	14	12.5
甘 肃	219971	63	9	14.3
青 海	44391	18	4	22.2
宁 夏	34960	8	4	50.0
新 疆	23427	8	2	25.0

2-30 各地区集体建筑业企业主要经济效益指标

地区	产值利润率(%)	产值利税率(%)	资本利润率(%)	资本利税率(%)	人均利润(元/人)	人均利税(元/人)	资产负债率(%)
全国总计	**2.9**	**8.3**	**25.3**	**71.6**	**8939**	**25284**	**64.8**
北京	3.1	6.4	11.4	23.4	16149	33186	70.3
天津	2.5	4.8	10.4	19.5	14028	26256	82.0
河北	2.8	7.3	34.0	89.6	9116	24053	62.9
山西	0.8	4.7	2.8	16.1	1833	10477	80.8
内蒙古	-0.1	3.6	-0.7	31.6	-179	8004	82.3
辽宁	-0.1	4.6	-0.6	19.1	-276	9135	77.5
吉林	0.5	2.3	3.2	14.7	1550	7061	81.3
黑龙江	2.2	9.7	6.8	30.1	4852	21331	65.6
上海	1.2	5.5	6.6	30.3	2702	12309	61.0
江苏	3.9	8.7	29.4	66.4	10975	24819	55.7
浙江	0.9	3.8	6.3	27.4	2489	10765	65.9
安徽	1.5	10.9	21.0	154.8	4062	29929	57.6
福建	1.2	2.1	21.3	36.0	3355	5682	62.7
江西	2.8	7.2	31.3	79.5	10458	26586	58.3
山东	3.2	7.3	17.9	41.0	7569	17353	74.6
河南	4.0	14.0	52.0	182.5	15242	53494	41.9
湖北	5.6	10.5	37.7	70.8	18269	34325	49.3
湖南	3.2	9.1	32.7	93.0	9397	26775	54.7
广东	3.4	9.9	36.8	106.1	10872	31392	67.5
广西	1.8	5.6	19.0	59.7	6039	19014	52.8
海南	6.0	12.5	159.5	335.3	23235	48847	50.4
重庆	4.1	8.3	55.2	112.2	11581	23543	58.5
四川	2.9	7.8	65.8	176.8	8853	23781	61.7
贵州	2.0	10.0	13.2	67.2	6307	32008	71.4
云南	4.5	11.1	30.9	76.2	13533	33380	50.4
西藏	7.4	10.8	19.8	29.2	24899	36663	50.2
陕西	3.8	11.6	17.2	52.6	11205	34263	50.1
甘肃	4.5	10.2	26.4	59.9	8944	20306	64.7
青海	2.8	8.0	20.9	60.4	9772	28197	67.9
宁夏	-1.2	6.2	-3.1	16.5	-3415	18121	68.1
新疆	3.7	12.3	21.4	70.2	24962	81771	68.9

2-31 各地区私营建筑业企业签订合同情况

单位：万元

地区	签订合同额	上年结转合同额	本年新签合同额
全国总计	**1472036803**	**559661976**	**912374826**
北京	17746944	7500666	10246278
天津	9682686	2823381	6859306
河北	25537474	10543914	14993560
山西	20905638	5717567	15188071
内蒙古	8035986	3537591	4498394
辽宁	18680734	4936852	13743881
吉林	11696470	3727629	7968841
黑龙江	3586056	1216685	2369371
上海	32706534	14598252	18108283
江苏	281698989	114629431	167069558
浙江	243973807	109252465	134721342
安徽	42410304	15916263	26494041
福建	132350860	45254118	87096743
江西	42777978	13513787	29264191
山东	63349071	20708228	42640843
河南	42539014	13716881	28822133
湖北	57375605	17770765	39604841
湖南	54999006	23727390	31271616
广东	96352901	41129490	55223410
广西	30254758	10352934	19901824
海南	1434868	720185	714683
重庆	51432945	16050131	35382814
四川	79569606	27470020	52099585
贵州	17172962	6068082	11104881
云南	30956770	7601678	23355092
西藏	1266301	468419	797882
陕西	23121404	8728749	14392655
甘肃	7973651	3086422	4887229
青海	2324045	1145112	1178934
宁夏	4941433	1648849	3292584
新疆	15182004	6100041	9081962

2–32 各地区私营建筑业企业承包工程完成情况

单位：万元

地区	直接从建设单位承揽工程完成的产值	自行完成施工产值	分包出去工程的产值	从建设单位以外承揽工程完成的产值
全国总计	**889226024**	**876962156**	**12263867**	**45232318**
北京	8243866	7607367	636499	2119772
天津	5964640	5630666	333974	640595
河北	15190440	15003831	186610	287273
山西	14359410	14204943	154467	467621
内蒙古	3883302	3861799	21504	45450
辽宁	13191132	13066106	125026	237615
吉林	5892947	5873937	19010	109705
黑龙江	2208241	2195371	12870	27457
上海	16842079	16088231	753848	2374855
江苏	174374314	173913824	460490	13948380
浙江	125201750	123759385	1442365	4846474
安徽	28763952	28521030	242922	914959
福建	85344198	85170837	173361	2295128
江西	29596619	29043060	553559	2321949
山东	38608903	38320584	288319	1163081
河南	30279677	29757330	522347	1339734
湖北	41031766	40367812	663954	1360834
湖南	31498559	31111643	386916	880159
广东	47386281	45270181	2116099	2548568
广西	18768941	18504426	264515	416204
海南	608672	607975	697	180
重庆	39332134	38613697	718437	1374965
四川	53329468	52045185	1284282	3515032
贵州	7229845	7116056	113789	333354
云南	20706779	20535151	171628	674390
西藏	749709	741532	8177	10050
陕西	14812536	14422756	389780	684350
甘肃	3606527	3578050	28477	61952
青海	1183694	1152928	30766	25510
宁夏	3197068	3101321	95747	74889
新疆	7838577	7775143	63434	131836

2–33 各地区私营企业建筑业总产值和竣工产值

单位：万元

地区	建筑业总产值	#装饰装修产值	#在外省完成的产值	按构成分组			竣工产值
				建筑工程产值	安装工程产值	其他产值	
全国总计	**922194475**	**58995087**	**227527385**	**805997204**	**78505723**	**37691547**	**519120748**
北　京	9727139	2664373	3961241	8661275	947837	118027	5460229
天　津	6271261	272358	1009750	4821025	1227622	222614	3469354
河　北	15291104	887876	2046322	13020381	1607602	663121	8518350
山　西	14672564	663150	2674940	12184523	1936453	551589	6935233
内蒙古	3907249	77932	567860	3383730	224413	299107	1693819
辽　宁	13303721	1682731	1758663	10478245	2219643	605833	7931849
吉　林	5983642	192945	649001	5210747	465976	306920	3517701
黑龙江	2222828	114746	128884	1835425	204264	183139	1306440
上　海	18463086	3057193	5623382	14940455	2939322	583309	10044466
江　苏	187862204	10944076	73934005	175922127	10245598	1694480	144605931
浙　江	128605859	8954443	39849271	115521157	8664324	4420378	70339864
安　徽	29435989	1302621	3016802	23865618	2515556	3054815	14441833
福　建	87465964	3312931	40893671	80657668	5776219	1032078	40585844
江　西	31365009	1446130	10007396	26119531	2383582	2861896	15920169
山　东	39483665	3538805	4533131	31610849	6555108	1317708	19992320
河　南	31097064	1665526	3366011	25513217	3516633	2067214	16331660
湖　北	41728645	2400959	5976976	37693494	2564700	1470452	23734666
湖　南	31991802	1404515	5158015	25917143	3651689	2422971	18083341
广　东	47818750	7415571	5590245	39014158	6965298	1839294	21292209
广　西	18920630	564786	1901574	15587027	1701031	1632572	9491166
海　南	608155	64405	32700	537928	26166	44061	256465
重　庆	39988662	1651552	3281151	35858190	2524505	1605967	19638234
四　川	55560217	2459826	7240518	46286429	5005749	4268040	26220927
贵　州	7449410	231438	150267	6409957	628461	410992	2904020
云　南	21209541	867557	352962	18678411	1475539	1055591	12369345
西　藏	751582	1845	793	713632	23455	14496	457711
陕　西	15107105	679264	1822467	12708102	1493360	905644	5065384
甘　肃	3640002	135377	365671	3272835	245089	122079	1916907
青　海	1178438	29688	17584	1040840	112741	24858	560202
宁　夏	3176209	73685	202947	2933608	151367	91235	1791108
新　疆	7906979	236781	1413188	5599482	506426	1801071	4244001

2–34 各地区私营建筑业企业房屋建筑面积

地区	房屋施工面积（万平方米）	#本年新开工	房屋竣工面积（万平方米）	房屋竣工率（%）
全国总计	**528526**	**211954**	**183128**	**34.6**
北京	936	277	238	25.4
天津	1753	736	398	22.7
河北	9416	4403	3811	40.5
山西	4902	2250	1619	33.0
内蒙古	2076	1068	630	30.4
辽宁	5835	2295	2519	43.2
吉林	2361	1323	1107	46.9
黑龙江	647	383	251	38.8
上海	7156	2242	1697	23.7
江苏	149892	52921	49100	32.8
浙江	104211	35113	27251	26.1
安徽	16935	7347	7199	42.5
福建	44246	15200	12588	28.4
江西	12968	6475	6102	47.1
山东	24699	11489	8026	32.5
河南	13854	6116	5822	42.0
湖北	24309	12100	11621	47.8
湖南	15726	7754	7037	44.7
广东	19652	7910	6903	35.1
广西	7435	4445	3675	49.4
海南	665	253	66	9.9
重庆	16274	7500	7263	44.6
四川	20758	12073	9865	47.5
贵州	3431	1544	1082	31.5
云南	8111	4242	3523	43.4
西藏	138	94	107	78.0
陕西	4834	1837	1537	31.8
甘肃	1205	633	643	53.4
青海	450	165	185	41.1
宁夏	1065	519	294	27.6
新疆	2591	1248	971	37.5

2-35 各地区按主要用途分的私营建筑业企业房屋竣工面积

地区	总计	住宅房屋	商业及服务用房屋	办公用房屋	科研、教育和医疗用房屋
全国总计	**183128**	**122940**	**10591**	**8350**	**6521**
北京	238	140	14	44	9
天津	398	259	5	9	6
河北	3811	2947	132	84	175
山西	1619	1095	164	45	49
内蒙古	630	528	22	22	26
辽宁	2519	1846	132	60	46
吉林	1107	870	47	35	22
黑龙江	251	182	15	6	9
上海	1697	895	76	56	60
江苏	49100	36022	1382	1628	1224
浙江	27251	14513	2125	1145	806
安徽	7199	4920	325	330	258
福建	12588	7862	982	782	360
江西	6102	3922	404	460	323
山东	8026	5632	312	438	333
河南	5822	4178	259	311	302
湖北	11621	8664	521	694	199
湖南	7037	4790	716	336	369
广东	6903	4247	284	404	250
广西	3675	2067	286	317	464
海南	66	22	4	4	3
重庆	7263	5176	491	403	186
四川	9865	7143	917	299	348
贵州	1082	611	141	64	126
云南	3523	2059	470	199	322
西藏	107	77	7	5	8
陕西	1537	984	193	57	88
甘肃	643	437	37	38	48
青海	185	139	10	7	11
宁夏	294	192	25	11	20
新疆	971	524	96	59	73

2-35 续表

单位：万平方米

地　区	文化、体育和娱乐用房屋	厂房及建筑物	仓　库	其他未列明的房屋建筑物
全国总计	**1421**	**27841**	**1127**	**4336**
北　京	1	30	1	1
天　津	2	89	13	15
河　北	15	339	17	102
山　西	8	160	11	87
内蒙古		17	2	13
辽　宁	7	354	9	66
吉　林	2	83	2	45
黑龙江	1	18	2	17
上　海	3	527	26	55
江　苏	319	7832	241	452
浙　江	175	7650	306	531
安　徽	57	1097	43	168
福　建	121	2282	74	125
江　西	115	620	62	198
山　东	79	1094	36	102
河　南	49	516	38	170
湖　北	41	1241	38	223
湖　南	50	568	22	186
广　东	49	1262	45	364
广　西	112	287	41	102
海　南	5			29
重　庆	35	660	10	302
四　川	61	569	37	493
贵　州	13	60	4	63
云　南	56	229	21	167
西　藏	1			9
陕　西	12	109	13	81
甘　肃	22	28	2	31
青　海	4	2		13
宁　夏	1	19	3	23
新　疆	7	100	9	105

2−36 各地区按主要用途分的私营建筑业企业房屋竣工价值

地　区	总计	住宅房屋	商业及服务用房屋	办公用房　屋	科研、教育和医疗用房屋
全国总计	**310021802**	**210317798**	**18483459**	**14480442**	**12431549**
北　京	462984	308182	28348	46137	20231
天　津	743670	505001	12239	13047	13989
河　北	5613613	4233445	246386	135627	314237
山　西	2837661	2075606	257366	72488	73694
内蒙古	1053660	832663	50843	51419	68869
辽　宁	4036058	3143425	137462	90230	88167
吉　林	1656194	1255734	66814	80698	49350
黑龙江	405865	288333	20706	12768	20772
上　海	3085029	1734993	167570	158994	130298
江　苏	90548557	66385819	2981056	3238746	2871942
浙　江	46067644	26503455	4242375	1944938	1688125
安　徽	9538895	6812676	423855	397705	357938
福　建	22138946	14386961	1764071	1357795	758384
江　西	9348998	5619533	571156	1166749	627016
山　东	12161254	8908970	435428	719061	523418
河　南	7667717	5671030	383827	425266	371135
湖　北	17637136	13489493	888738	861222	413807
湖　南	10663129	7274092	1002001	490941	625664
广　东	11663611	7796134	497681	752760	344738
广　西	10663978	4511073	402794	451981	734056
海　南	125626	45667	6738	5268	6066
重　庆	11152994	7711573	884598	644896	346095
四　川	16236311	11953677	1411984	536476	619376
贵　州	1569125	860355	188063	94558	201266
云　南	6680436	4117524	811140	382088	661352
西　藏	236664	164643	20847	10625	11373
陕　西	2522775	1628520	308539	92643	162877
甘　肃	995192	655682	59572	74221	98352
青　海	372411	279376	20371	16181	23829
宁　夏	509013	315508	37897	22630	57243
新　疆	1626660	848657	152997	132287	147892

2-36 续表

单位：万元

地　区	文化、体育和娱乐用房屋	厂房及建筑物	仓　库	其他未列明的房屋建筑物
全国总计	**2611859**	**41191883**	**2433067**	**8071746**
北　京	555	50348	2296	6887
天　津	3218	125242	30832	40103
河　北	27995	440117	30160	185647
山　西	11226	196183	19053	132046
内蒙古	1172	18766	1807	28121
辽　宁	9395	482560	12325	72494
吉　林	3531	136062	4326	59678
黑龙江	664	28432	2747	31444
上　海	8713	713153	49906	121403
江　苏	666266	12849752	467536	1087442
浙　江	379413	9865901	522467	920970
安　徽	73395	1226133	46156	201038
福　建	201897	3327028	88347	254464
江　西	210724	758752	110349	284720
山　东	167368	1251511	46420	109079
河　南	72099	497412	43755	203194
湖　北	76557	1550907	40982	315429
湖　南	90047	871310	25552	283522
广　东	86913	1711222	81568	392596
广　西	172219	2631513	642735	1117606
海　南	9750	200		51937
重　庆	59810	968039	16121	521863
四　川	98979	768925	75090	771806
贵　州	20250	82039	5040	117554
云　南	95782	317348	29222	265981
西　藏	2983	654	450	25089
陕　西	32615	119789	13638	164153
甘　肃	9558	36054	2599	59153
青　海	6825	4303		21527
宁　夏	2022	40690	3849	29174
新　疆	9920	121541	17741	195626

2-37 各地区私营建筑业企业主要生产效益指标

地区	建筑业企业个数(个)	从事建筑业活动的平均人数(人)	按总产值计算的劳动生产率(元/人)	人均竣工产值(元/人)	人均施工面积(平方米/人)	人均竣工面积(平方米/人)
全国总计	**67580**	**29003013**	**317965**	**178989**	**182.2**	**63.1**
北京	1531	252423	385351	216313	37.1	9.4
天津	1120	314593	199345	110281	55.7	12.7
河北	1581	466224	327978	182709	202.0	81.7
山西	2322	421405	348182	164574	116.3	38.4
内蒙古	525	117207	333363	144515	177.1	53.8
辽宁	3788	348500	381742	227600	167.4	72.3
吉林	1214	151546	394840	232121	155.8	73.0
黑龙江	862	81415	273024	160467	79.4	30.8
上海	1740	439198	420382	228700	162.9	38.6
江苏	7686	6015622	312291	240384	249.2	81.6
浙江	6403	4208690	305572	167130	247.6	64.7
安徽	2627	899305	327319	160589	188.3	80.0
福建	4954	3280576	266618	123716	134.9	38.4
江西	1580	961894	326076	165509	134.8	63.4
山东	4179	1186854	332675	168448	208.1	67.6
河南	2959	882390	352419	185084	157.0	66.0
湖北	2612	961533	433980	246842	252.8	120.9
湖南	1633	1033234	309628	175017	152.2	68.1
广东	4380	1239117	385910	171834	158.6	55.7
广西	1089	520039	363831	182509	143.0	70.7
海南	56	10898	558043	235332	610.4	60.4
重庆	1889	1351674	295846	145288	120.4	53.7
四川	3615	1778528	312394	147431	116.7	55.5
贵州	843	245396	303567	118340	139.8	44.1
云南	2122	830147	255491	149002	97.7	42.4
西藏	144	27932	269076	163866	49.3	38.4
陕西	1788	465049	324850	108922	103.9	33.1
甘肃	819	129227	281675	148336	93.2	49.8
青海	217	37770	312004	148319	119.2	48.9
宁夏	517	127170	249761	140844	83.7	23.1
新疆	785	217457	363611	195165	119.1	44.7

2–38 各地区私营建筑业企业资产构成

单位：万元

地区	资产合计	流动资产合计	#存货
全国总计	**678953059**	**567343919**	**107875825**
北京	16176912	14218912	1635080
天津	11304962	9005360	807695
河北	21047286	17163925	3549980
山西	13679908	11466700	2010542
内蒙古	8897466	7134361	640962
辽宁	22747858	17969399	2495798
吉林	8169168	6735339	936953
黑龙江	3996861	3315972	544072
上海	25909030	22891638	3277002
江苏	117539677	98109037	24342819
浙江	84748044	71337317	17246008
安徽	18861285	15665856	2647512
福建	34202093	28294662	4943465
江西	13420137	10666212	2363826
山东	40267520	33240315	7056508
河南	22626880	18331538	3035205
湖北	23811172	19409029	3911305
湖南	16182621	13107770	2632613
广东	54481986	48348047	7327972
广西	9261896	7927531	901067
海南	452678	412792	16393
重庆	20552073	17159736	3817251
四川	30078112	24625673	4490098
贵州	8086516	7300357	1070931
云南	14665246	11822815	1738013
西藏	956635	745915	42263
陕西	15244145	12676729	2163921
甘肃	5620451	4191214	690751
青海	1689352	1455011	228167
宁夏	4345015	3734580	605221
新疆	9930077	8880178	706431

2-39 各地区私营建筑业企业固定资产情况

单位：万元

地区	固定资产原价	固定资产折旧	#本年折旧	在建工程
全国总计	**72471839**	**32149995**	**5002469**	**12093492**
北京	1136046	553292	81609	80106
天津	1204040	589507	54097	56856
河北	2466530	956777	145010	195452
山西	1717360	772281	126637	169539
内蒙古	937748	468455	86906	151036
辽宁	2420332	1195575	147067	204800
吉林	824992	341561	60969	109023
黑龙江	548675	250301	35772	50413
上海	1987816	1093937	100092	110261
江苏	13337221	5684777	774632	1538432
浙江	9617955	4604863	652815	683217
安徽	2276115	1023427	147264	447751
福建	4813375	2100601	363852	386836
江西	1534333	593713	120894	320401
山东	4563575	2035039	308384	534247
河南	2843023	1131456	282452	359272
湖北	3334445	1411956	304424	1003559
湖南	2036281	784965	127716	391509
广东	3416426	1599286	248163	533051
广西	838893	366552	75596	216735
海南	34172	19598	3521	559
重庆	1524004	633900	106412	164416
四川	2590562	1129104	223272	749908
贵州	307647	82687	21332	291500
云南	2083180	937325	157442	407623
西藏	142472	39353	6630	27278
陕西	1624906	664517	100149	2547598
甘肃	618719	214136	32475	190322
青海	190930	83138	10795	31164
宁夏	415826	181167	28297	32208
新疆	1084244	606753	67794	108422

2-40 各地区私营建筑业企业负债及所有者权益

单位：万元

地 区	负债合计	#流动负债	#应付账款	所有者权益	#实收资本
全国总计	**394008351**	**359686148**	**129415109**	**284948344**	**167726263**
北 京	11858569	11533653	3817404	4318343	3350642
天 津	6778020	4998571	2440307	4526942	1989359
河 北	12976863	11640955	4130222	8070423	4668609
山 西	7994419	7599514	3262371	5685489	4295927
内蒙古	6390567	6058564	1700028	2506899	1529226
辽 宁	14012506	12637028	3533752	8739010	4874466
吉 林	4710106	4249987	1362164	3459061	2042418
黑龙江	1930566	1754123	656939	2066295	1563118
上 海	17720189	16973164	6426311	8188842	4760806
江 苏	60975849	56837857	22581836	56563828	24983107
浙 江	52235107	50422458	19274691	32512915	19244339
安 徽	11074167	9963252	2749017	7787117	4256015
福 建	14974059	13560281	3941141	19228034	12076992
江 西	5670757	4706904	1538530	7749380	4544811
山 东	25447145	24021435	8611130	14820374	9036486
河 南	10890078	9645543	3262671	11736802	7315184
湖 北	12020130	9750860	3996657	11791042	6220837
湖 南	8308388	7326144	2327390	7874234	4233917
广 东	35539791	31596059	10334725	18942196	11024381
广 西	5337014	4607704	1751567	3924882	2687119
海 南	238436	225868	64171	214243	108878
重 庆	12747921	11347650	4448628	7804153	3818224
四 川	17820510	15443070	4790856	12257602	8245166
贵 州	5764666	5178599	1539134	2321850	1500951
云 南	8127820	6912545	2359587	6537426	3899901
西 藏	422824	380984	48283	533811	293395
陕 西	8593384	7786748	3257416	6650761	10240885
甘 肃	2964403	2549914	936626	2656048	1640035
青 海	1066911	993837	368960	622441	527496
宁 夏	2753661	2646179	1233828	1591354	1093153
新 疆	6663527	6336699	2668770	3266550	1660421

2-41 各地区私营建筑业企业收入情况

单位：万元

地 区	主营业务收入	#主营业务成本	#主营业务税金及附加	其他业务收入	#其他业务利润
全国总计	**793204027**	**718742021**	**8786263**	**13470794**	**507577**
北 京	12556265	11069582	43252	207056	38481
天 津	6812941	6270661	27612	4183267	7357
河 北	14725505	13489253	119897	338922	13603
山 西	14138150	13124637	79974	261896	11162
内蒙古	4995110	4589686	38899	88229	1998
辽 宁	13901589	12455277	94086	533411	5836
吉 林	5948601	5226210	62716	215120	6769
黑龙江	2609813	2372791	24246	67338	386
上 海	22003973	20303795	73033	143510	34515
江 苏	154278041	139560923	1824837	663307	104873
浙 江	107263110	100292644	601223	601713	64476
安 徽	22886568	20820672	244607	501289	8322
福 建	70885095	64331696	1187764	593161	28998
江 西	22238484	19905577	418165	251136	9221
山 东	37503298	34271953	288664	523421	20463
河 南	25866184	22490327	449927	638018	13370
湖 北	35534296	31258476	597489	628078	7567
湖 南	27893155	24944594	539581	158425	33126
广 东	50979105	45928486	298313	288791	33057
广 西	13402787	12388056	176290	139937	9843
海 南	693957	636850	5226	17734	532
重 庆	31961663	28282281	449127	353203	9764
四 川	39908100	35677614	561706	1065431	18182
贵 州	5839569	5441763	51868	236094	2220
云 南	16350389	14299289	250110	252886	5705
西 藏	1094809	938286	11804	25365	1177
陕 西	13576239	12440196	139501	189023	3879
甘 肃	4388959	3822613	51923	52367	1014
青 海	1577828	1494127	7434	93086	519
宁 夏	3369359	3131059	16728	28947	4970
新 疆	8021088	7482648	50263	130634	6193

2-42 各地区私营建筑业企业费用情况

单位：万元

地 区	管理费用	销售费用	研发费用	财务费用	#利息收入	#利息支出
全国总计	**26982369**	**3863622**	**2002742**	**5022703**	**304401**	**3107334**
北 京	835482	297597	79087	45111	15169	52618
天 津	1127249	49837	27054	38390	3695	26337
河 北	481606	34216	20563	162612	23546	96654
山 西	519767	55114	37122	51874	2161	32203
内 蒙 古	174535	9686	4008	72168	347	61899
辽 宁	695727	55997	19931	135971	5176	66895
吉 林	216544	19135	3003	73142	21311	26643
黑 龙 江	123539	7091	342	6011	613	10421
上 海	1003271	108906	109254	113935	11233	77377
江 苏	4469850	784873	175183	1085794	36274	721874
浙 江	2836918	274104	422563	585706	70829	529944
安 徽	692106	124571	38514	149362	6120	74676
福 建	2131033	263692	94024	170004	7608	144468
江 西	543986	81928	80972	91247	2253	55283
山 东	1310946	151932	68609	278008	6114	130589
河 南	943785	188099	82879	171077	6494	69441
湖 北	1093928	215685	76914	237410	6099	92110
湖 南	953012	158489	139245	122248	2890	60770
广 东	2097429	196558	384324	538507	21594	299814
广 西	409494	24187	25285	46647	1108	31101
海 南	19427	411		2678	87	420
重 庆	966498	180656	21594	238285	10453	133451
四 川	1376516	293708	32874	285078	7194	127735
贵 州	182410	17828	1355	37131	1079	20649
云 南	592034	123238	24107	98447	5320	53001
西 藏	37947	4447	150	2901	-73	1129
陕 西	516089	65864	25362	75024	2362	28782
甘 肃	138429	55278	2269	41252	9400	38041
青 海	57308	3452	1013	5771	152	4405
宁 夏	125491	6326	2077	19288	18007	10802
新 疆	310016	10719	3067	41628	-211	27802

2-43　各地区私营建筑业企业利润及税金情况

单位：万元

地　区	利润总额	#应交所得税	税金总额	主营业务税金及附加	应交增值税
全国总计	**30007874**	**7038162**	**31163944**	**8786263**	**22377681**
北　京	95704	50560	285404	43252	242153
天　津	341262	65300	192053	27612	164441
河　北	605945	145372	463544	119897	343647
山　西	355928	68227	387112	79974	307138
内蒙古	109169	45185	180751	38899	141852
辽　宁	480077	138354	508594	94086	414508
吉　林	349914	79327	267015	62716	204299
黑龙江	75896	18520	99337	24246	75090
上　海	393974	86581	568604	73033	495571
江　苏	6618567	1468139	6536683	1824837	4711847
浙　江	2707113	680897	3404936	601223	2803713
安　徽	836987	160892	854646	244607	610039
福　建	2813107	836408	3173969	1187764	1986205
江　西	969049	207209	923146	418165	504980
山　东	1157433	245665	1175695	288664	887031
河　南	1684724	272561	1389265	449927	939338
湖　北	2006701	453045	1783789	597489	1186300
湖　南	1088873	211820	1383970	539581	844389
广　东	1423750	447371	1582096	298313	1283783
广　西	393694	210624	534627	176290	358337
海　南	31453	11924	28723	5226	23498
重　庆	1747782	290342	1486568	449127	1037441
四　川	1563752	338381	1781407	561706	1219701
贵　州	220294	69978	250681	51868	198814
云　南	910924	213115	853311	250110	603200
西　藏	98869	12808	40726	11804	28922
陕　西	424587	82047	496965	139501	357464
甘　肃	292686	51499	185128	51923	133205
青　海	11458	5558	47904	7434	40470
宁　夏	68274	25447	90961	16728	74234
新　疆	129930	45007	206337	50263	156075

2-44 各地区私营建筑业企业应收工程款及企业亏损情况

地区	应收工程款(万元)	企业个数(个)	#亏损企业个数	亏损企业的比重(%)
全国总计	**196461818**	**67580**	**11152**	**16.5**
北京	4196555	1531	419	27.4
天津	4188390	1120	239	21.3
河北	6469288	1581	251	15.9
山西	4622880	2322	513	22.1
内蒙古	2323259	525	132	25.1
辽宁	6531753	3788	970	25.6
吉林	3050732	1214	214	17.6
黑龙江	1121572	862	226	26.2
上海	7054891	1740	344	19.8
江苏	37090643	7686	518	6.7
浙江	21343664	6403	1293	20.2
安徽	5448801	2627	361	13.7
福建	8659247	4954	548	11.1
江西	3215880	1580	154	9.7
山东	11656520	4179	741	17.7
河南	6595921	2959	322	10.9
湖北	7194944	2612	299	11.4
湖南	4274395	1633	164	10.0
广东	15168636	4380	767	17.5
广西	3091171	1089	232	21.3
海南	146364	56	14	25.0
重庆	6656191	1889	248	13.1
四川	8283650	3615	459	12.7
贵州	2716198	843	218	25.9
云南	4307722	2122	444	20.9
西藏	264379	144	15	10.4
陕西	4444108	1788	319	17.8
甘肃	1466882	819	200	24.4
青海	427787	217	67	30.9
宁夏	1786092	517	191	36.9
新疆	2663303	785	270	34.4

2-45 各地区私营建筑业企业主要经济效益指标

地　　区	产值利润率(%)	产值利税率(%)	资本利润率(%)	资本利税率(%)	人均利润(元/人)	人均利税(元/人)	资产负债率(%)
全国总计	**3.3**	**6.6**	**17.9**	**36.5**	**10347**	**21092**	**58.0**
北　　京	1.0	3.9	2.9	11.4	3791	15098	73.3
天　　津	5.4	8.5	17.2	26.8	10848	16953	60.0
河　　北	4.0	7.0	13.0	22.9	12997	22939	61.7
山　　西	2.4	5.1	8.3	17.3	8446	17633	58.4
内 蒙 古	2.8	7.4	7.1	19.0	9314	24736	71.8
辽　　宁	3.6	7.4	9.8	20.3	13776	28369	61.6
吉　　林	5.8	10.3	17.1	30.2	23090	40709	57.7
黑 龙 江	3.4	7.9	4.9	11.2	9322	21523	48.3
上　　海	2.1	5.2	8.3	20.2	8970	21917	68.4
江　　苏	3.5	7.0	26.5	52.7	11002	21869	51.9
浙　　江	2.1	4.8	14.1	31.8	6432	14522	61.6
安　　徽	2.8	5.7	19.7	39.7	9307	18810	58.7
福　　建	3.2	6.8	23.3	49.6	8575	18250	43.8
江　　西	3.1	6.0	21.3	41.6	10074	19672	42.3
山　　东	2.9	5.9	12.8	25.8	9752	19658	63.2
河　　南	5.4	9.9	23.0	42.0	19093	34837	48.1
湖　　北	4.8	9.1	32.3	60.9	20870	39421	50.5
湖　　南	3.4	7.7	25.7	58.4	10539	23933	51.3
广　　东	3.0	6.3	12.9	27.3	11490	24258	65.2
广　　西	2.1	4.9	14.7	34.5	7571	17851	57.6
海　　南	5.2	9.9	28.9	55.3	28861	55217	52.7
重　　庆	4.4	8.1	45.8	84.7	12931	23929	62.0
四　　川	2.8	6.0	19.0	40.6	8792	18809	59.2
贵　　州	3.0	6.3	14.7	31.4	8977	19193	71.3
云　　南	4.3	8.3	23.4	45.2	10973	21252	55.4
西　　藏	13.2	18.6	33.7	47.6	35397	49977	44.2
陕　　西	2.8	6.1	4.1	9.0	9130	19816	56.4
甘　　肃	8.0	13.1	17.8	29.1	22649	36975	52.7
青　　海	1.0	5.0	2.2	11.3	3034	15717	63.2
宁　　夏	2.1	5.0	6.2	14.6	5369	12521	63.4
新　　疆	1.6	4.3	7.8	20.3	5975	15464	67.1

2-46 各地区联营建筑业企业签订合同情况

单位：万元

地区	签订合同额	上年结转合同额	本年新签合同额
全国总计	**409900**	**167391**	**242509**
北京			
天津	1284	503	781
河北			
山西			
内蒙古			
辽宁	30800		30800
吉林			
黑龙江			
上海	7610	1708	5901
江苏	8086		8086
浙江	2166	1192	974
安徽	5537	3461	2076
福建			
江西			
山东	9899	1000	8899
河南	28690	1440	27250
湖北			
湖南	15656	512	15144
广东	282206	148069	134138
广西			
海南	37		37
重庆	3997	3997	
四川	747	106	641
贵州	410	160	250
云南	1350	10	1340
西藏			
陕西	11425	5234	6191
甘肃			
青海			
宁夏			
新疆			

2–47 各地区联营建筑业企业承包工程完成情况

单位：万元

地区	直接从建设单位承揽工程完成的产值	自行完成施工产值	分包出去工程的产值	从建设单位以外承揽工程完成的产值
全国总计	**212875**	**210416**	**2459**	**4246**
北京				
天津	727	727		553
河北				
山西				
内蒙古				
辽宁	30800	30800		
吉林				
黑龙江				
上海	5563	3894	1669	
江苏	8086	8086		
浙江	1528	1528		
安徽	5537	5537		
福建				
江西				
山东	8899	8899		
河南	19900	19900		
湖北				
湖南	14022	14022		1522
广东	108009	108009		
广西				
海南	37	37		
重庆	1806	1700	106	
四川	367	367		
贵州	470	470		
云南	1524	840	684	2171
西藏				
陕西	5600	5600		
甘肃				
青海				
宁夏				
新疆				

2-48 各地区联营企业建筑业总产值和竣工产值

单位：万元

地　区	建筑业总产值	#装饰装修产值	#在外省完成的产值	按构成分组			竣工产值
				建筑工程产值	安装工程产值	其他产值	
全国总计	**214662**	**55164**	**13132**	**152835**	**53153**	**8674**	**94990**
北　京							
天　津	1280	1280	503	1280			1280
河　北							
山　西							
内蒙古							
辽　宁	30800				30800		
吉　林							
黑龙江							
上　海	3894	955		3894			3894
江　苏	8086	435		3102	4292	692	8086
浙　江	1528			1528			273
安　徽	5537			4716	423	398	4876
福　建							
江　西							
山　东	8899	8899		8899			
河　南	19900			19050		850	650
湖　北							
湖　南	15544	6876	1000	14744		800	7868
广　东	108009	35875	11592	86976	16283	4750	62578
广　西							
海　南	37		37			37	37
重　庆	1700			1700			
四　川	367	367			367		367
贵　州	470			470			2070
云　南	3011	477		877	987	1147	3011
西　藏							
陕　西	5600			5600			
甘　肃							
青　海							
宁　夏							
新　疆							

2-49 各地区联营建筑业企业房屋建筑面积

地区	房屋施工面积(万平方米)	#本年新开工	房屋竣工面积(万平方米)	房屋竣工率(%)
全国总计	**88**	**52**	**44**	**49.9**
北京				
天津				
河北				
山西				
内蒙古				
辽宁				
吉林				
黑龙江				
上海	3	2	2	73.9
江苏				
浙江	3			4.4
安徽				100.0
福建				
江西				
山东				
河南	4	4		6.8
湖北				
湖南				
广东	73	44	40	54.1
广西				
海南				
重庆				
四川				
贵州	3	1	1	29.1
云南	2	1	1	51.6
西藏				
陕西				
甘肃				
青海				
宁夏				
新疆				

2-50 各地区按主要用途分的联营建筑业企业房屋竣工面积

地区	总计	住宅房屋	商业及服务用房屋	办公用房屋	科研、教育和医疗用房屋
全国总计	**44**	**35**		**2**	
北京					
天津					
河北					
山西					
内蒙古					
辽宁					
吉林					
黑龙江					
上海	2			2	
江苏					
浙江					
安徽					
福建					
江西					
山东					
河南					
湖北					
湖南					
广东	40	34			
广西					
海南					
重庆					
四川					
贵州	1	1			
云南	1				
西藏					
陕西					
甘肃					
青海					
宁夏					
新疆					

2-50 续表　　单位：万平方米

地　区	文化、体育和娱乐用房屋	厂房及建筑物	仓　库	其他未列明的房屋建筑物
全国总计		**5**		**2**
北　京				
天　津				
河　北				
山　西				
内蒙古				
辽　宁				
吉　林				
黑龙江				
上　海				
江　苏				
浙　江				
安　徽				
福　建				
江　西				
山　东				
河　南				
湖　北				
湖　南				
广　东		4		1
广　西				
海　南				
重　庆				
四　川				
贵　州				
云　南				1
西　藏				
陕　西				
甘　肃				
青　海				
宁　夏				
新　疆				

2-51 各地区按主要用途分的联营建筑业企业房屋竣工价值

地区	总计	住宅房屋	商业及服务用房屋	办公用房屋	科研、教育和医疗用房屋
全国总计	**59280**	**44964**		**3899**	**295**
北京					
天津					
河北					
山西					
内蒙古					
辽宁					
吉林					
黑龙江					
上海	3894			3839	
江苏					
浙江	273				
安徽	120			60	
福建					
江西					
山东					
河南	531	531			
湖北					
湖南					
广东	49381	42363			295
广西					
海南					
重庆					
四川					
贵州	2070	2070			
云南	3011				
西藏					
陕西					
甘肃					
青海					
宁夏					
新疆					

2-51 续表

单位：万元

地区	文化、体育和娱乐用房屋	厂房及建筑物	仓库	其他未列明的房屋建筑物
全国总计	**55**	**5368**		**4698**
北京				
天津				
河北				
山西				
内蒙古				
辽宁				
吉林				
黑龙江				
上海	55			
江苏				
浙江				273
安徽		60		
福建				
江西				
山东				
河南				
湖北				
湖南				
广东		5308		1415
广西				
海南				
重庆				
四川				
贵州				
云南				3011
西藏				
陕西				
甘肃				
青海				
宁夏				
新疆				

2-52 各地区联营建筑业企业主要生产效益指标

地区	建筑业企业个数(个)	从事建筑业活动的平均人数(人)	按总产值计算的劳动生产率(元/人)	人均竣工产值(元/人)	人均施工面积(平方米/人)	人均竣工面积(平方米/人)
全国总计	**20**	**6527**	**328883**	**145534**	**134.8**	**67.3**
北京						
天津	1	52	246173	246173		
河北						
山西						
内蒙古						
辽宁	1	151	2039735			
吉林						
黑龙江						
上海	1	450	86538	86538	59.4	43.9
江苏	1	165	490061	490061		
浙江	1	107	142766	25477	298.1	13.0
安徽	1	287	192934	169889	3.5	3.5
福建						
江西						
山东	1	160	556188			
河南	1	1615	123220	4025	25.4	1.7
湖北						
湖南	2	316	491892	248987		
广东	4	2780	388520	225101	263.5	142.5
广西						
海南	1	21	17762	17762		
重庆	1	35	485686			
四川	1	14	262429	262429		
贵州	1	66	71212	313636	421.2	122.7
云南	1	185	162741	162741	103.7	53.5
西藏						
陕西	1	123	455285			
甘肃						
青海						
宁夏						
新疆						

2-53 各地区联营建筑业企业资产构成

单位：万元

地　　区	资产合计	#流动资产合计	#存货
全国总计	**175935**	**143578**	**22843**
北　　京			
天　　津	1778	1290	187
河　　北			
山　　西			
内 蒙 古			
辽　　宁	7592	5972	
吉　　林			
黑 龙 江			
上　　海	12759	11735	3787
江　　苏	6493	2562	137
浙　　江	955	486	204
安　　徽	19058	15641	6005
福　　建			
江　　西			
山　　东	8513	8440	517
河　　南	8800	8800	1300
湖　　北			
湖　　南	25399	20613	3200
广　　东	56625	50147	3882
广　　西			
海　　南	3016	2848	818
重　　庆	9088	4317	2051
四　　川	1029	938	50
贵　　州	1870	1282	231
云　　南	3179	1256	270
西　　藏			
陕　　西	9781	7251	205
甘　　肃			
青　　海			
宁　　夏			
新　　疆			

2-54 各地区联营建筑业企业固定资产情况

单位：万元

地区	固定资产原价	固定资产折旧	#本年折旧	在建工程
全国总计	**32055**	**12238**	**1136**	**981**
北京				
天津	606	118	3	
河北				
山西				
内蒙古				
辽宁	792	90	7	
吉林				
黑龙江				
上海	1260	236	7	
江苏	4282	350	61	
浙江	919	609	14	60
安徽	8771	5354	526	
福建				
江西				
山东	148	74	26	
河南				
湖北				
湖南	3468	2059	186	46
广东	4819	1718	108	
广西				
海南	294	211	5	
重庆	4921	151	8	
四川	303	213	14	
贵州	104	27	27	
云南	386	48	7	
西藏				
陕西	982	982	139	875
甘肃				
青海				
宁夏				
新疆				

2-55 各地区联营建筑业企业负债及所有者权益

单位：万元

地　　区	负债合计	#流动负债	#应付账款	所有者权益	#实收资本
全国总计	**98243**	**87167**	**41145**	**77691**	**36862**
北　　京					
天　　津	1478	1478	897	300	290
河　　北					
山　　西					
内 蒙 古					
辽　　宁	6665	6665	5603	927	915
吉　　林					
黑 龙 江					
上　　海	4172	4172	3606	8587	4000
江　　苏	1505	1505	1215	4988	700
浙　　江	340	306	42	615	611
安　　徽	3536	3241	1249	15523	2010
福　　建					
江　　西					
山　　东	8132	8132	3108	382	110
河　　南				8800	2000
湖　　北					
湖　　南	14199	4999	3721	11200	8033
广　　东	46044	45550	18000	10580	4064
广　　西					
海　　南	1867	1867	5	1149	1028
重　　庆	4204	4204	1733	4884	5180
四　　川	749	749	369	280	200
贵　　州	1214	1197		656	600
云　　南	720	332	209	2459	760
西　　藏					
陕　　西	3419	2771	1388	6362	6362
甘　　肃					
青　　海					
宁　　夏					
新　　疆					

2-56 各地区联营建筑业企业收入情况

单位：万元

地区	主营业务收入	#主营业务成本	#主营业务税金及附加	其他业务收入	#其他业务利润
全国总计	**222676**	**205348**	**3435**	**306**	**94**
北京					
天津	1692	1592	6		
河北					
山西					
内蒙古					
辽宁	30860	29596	149		
吉林					
黑龙江					
上海	13128	12639	30		
江苏	8086	7022	44		
浙江	1488	1369	9		
安徽	5249	4011	40		
福建					
江西					
山东	7940	7373	16		
河南	5700	4650	182		
湖北					
湖南	2509	1803	93	146	6
广东	134761	124914	2722	142	70
广西					
海南	36	55			
重庆	1753	1582	7		
四川	367	293	4	18	18
贵州	348	283	1		
云南	2710	2269	110		
西藏					
陕西	6050	5900	23		
甘肃					
青海					
宁夏					
新疆					

2-57　各地区联营建筑业企业费用情况

单位：万元

地　区	管理费用	销售费用	研发费用	财务费用	#利息收入	#利息支出
全国总计	**8325**	**158**		**87**	**45**	**109**
北　京						
天　津	63	28				
河　北						
山　西						
内蒙古						
辽　宁	253			17		
吉　林						
黑龙江						
上　海	317			-10	-11	
江　苏	1000					
浙　江	45	3		38		38
安　徽	782			26	11	37
福　建						
江　西						
山　东	525			1		
河　南	15	30		14		
湖　北						
湖　南	144	1		4	2	6
广　东	4851	75		-2	39	29
广　西						
海　南	32					
重　庆	154			-4	4	
四　川	69	14				
贵　州	64					
云　南	9	7		1		
西　藏						
陕　西	1	1				
甘　肃						
青　海						
宁　夏						
新　疆						

2−58 各地区联营建筑业企业利润及税金情况

单位：万元

地区	利润总额	#应交所得税	税金总额	主营业务税金及附加	应交增值税
全国总计	**4648**	**2410**	**13634**	**3435**	**10198**
北京					
天津	2		116	6	110
河北					
山西					
内蒙古					
辽宁	638	647	1742	149	1593
吉林					
黑龙江					
上海	155	39	975	30	945
江苏	21	1	448	44	405
浙江	24	7	89	9	80
安徽	347	105	328	40	288
福建					
江西					
山东	25	6	92	16	76
河南	809	80	463	182	281
湖北					
湖南	467	69	185	93	92
广东	2028	1438	8888	2722	6166
广西					
海南	-51		1		1
重庆	15	6	59	7	53
四川	7	1	27	4	22
贵州			2	1	1
云南	15	10	192	110	82
西藏					
陕西	148	1	26	23	3
甘肃					
青海					
宁夏					
新疆					

2−59 各地区联营建筑业企业应收工程款及企业亏损情况

地区	应收工程款(万元)	企业个数(个)	#亏损企业个数	亏损企业的比重(%)
全国总计	**54483**	**20**	**2**	**10.0**
北京				
天津	897	1		
河北				
山西				
内蒙古				
辽宁	4364	1		
吉林				
黑龙江				
上海	997	1		
江苏	1046	1		
浙江	281	1		
安徽	1216	1		
福建				
江西				
山东	6121	1		
河南	7500	1		
湖北				
湖南	11270	2		
广东	17433	4		
广西				
海南	1168	1	1	100.0
重庆	598	1		
四川	337	1		
贵州	101	1	1	100.0
云南	986	1		
西藏				
陕西	168	1		
甘肃				
青海				
宁夏				
新疆				

2-60 各地区联营建筑业企业主要经济效益指标

地　区	产值利润率 (%)	产值利税率 (%)	资本利润率 (%)	资本利税率 (%)	人均利润 (元/人)	人均利税 (元/人)	资产负债率 (%)
全国总计	**2.2**	**8.5**	**12.6**	**49.6**	**7121**	**28010**	**55.8**
北　京							
天　津	0.2	9.3	0.8	40.9	462	22827	83.1
河　北							
山　西							
内蒙古							
辽　宁	2.1	7.7	69.7	260.1	42238	157623	87.8
吉　林							
黑龙江							
上　海	4.0	29.0	3.9	28.2	3433	25091	32.7
江　苏	0.3	5.8	3.0	67.0	1261	28424	23.2
浙　江	1.5	7.4	3.8	18.4	2196	10533	35.6
安　徽	6.3	12.2	17.3	33.6	12094	23537	18.6
福　建							
江　西							
山　东	0.3	1.3	22.7	106.5	1563	7325	95.5
河　南	4.1	6.4	40.5	63.6	5009	7876	
湖　北							
湖　南	3.0	4.2	5.8	8.1	14769	20611	55.9
广　东	1.9	10.1	49.9	268.6	7294	39266	81.3
广　西							
海　南	-135.7	-133.0	-4.9	-4.8	-24095	-23619	61.9
重　庆	0.9	4.4	0.3	1.4	4257	21143	46.3
四　川	1.8	9.0	3.3	16.5	4643	23571	72.8
贵　州		0.4		0.3	-30	273	64.9
云　南	0.5	6.9	2.0	27.3	832	11200	22.6
西　藏							
陕　西	2.6	3.1	2.3	2.7	11992	14138	35.0
甘　肃							
青　海							
宁　夏							
新　疆							

2-61 各地区股份制建筑业企业签订合同情况

单位：万元

地区	签订合同额	上年结转合同额	本年新签合同额
全国总计	**2954044141**	**1455959389**	**1498084753**
北京	281096151	163581402	117514749
天津	96808353	55450219	41358134
河北	79554983	37730971	41824012
山西	71606768	31539496	40067272
内蒙古	9979835	4694595	5285240
辽宁	39849091	18793337	21055754
吉林	22652053	10683644	11968410
黑龙江	13591801	6073335	7518466
上海	136665737	73163769	63501968
江苏	217910120	105489621	112420500
浙江	158980338	77731070	81249268
安徽	91644497	45412433	46232065
福建	85899713	45052999	40846715
江西	73876649	34449390	39427259
山东	164584379	68078659	96505720
河南	172157424	71147890	101009535
湖北	205538066	93897880	111640186
湖南	145211169	77487527	67723642
广东	246588188	132664957	113923231
广西	37723512	17820991	19902521
海南	6615566	3612796	3002770
重庆	69704090	31995019	37709070
四川	206211005	97832754	108378251
贵州	57007469	29832293	27175176
云南	83216486	40714971	42501515
西藏	2205414	1172148	1033267
陕西	121338540	57763613	63574927
甘肃	25192138	9773690	15418448
青海	3532133	1380639	2151493
宁夏	1583381	545765	1037616
新疆	25519092	10391517	15127574

2–62 各地区股份制建筑业企业承包工程完成情况

单位：万元

地 区	直接从建设单位承揽工程完成的产值			从建设单位以外承揽工程完成的产值
		自行完成施工产值	分包出去工程的产值	
全国总计	**1201715238**	**1145206170**	**56509069**	**59780963**
北 京	85990216	68201259	17788957	11247544
天 津	26572939	24885977	1686962	1947546
河 北	32044776	31187384	857392	1306105
山 西	24846279	24751917	94363	511135
内 蒙 古	5040115	5009107	31008	35240
辽 宁	16235383	16132775	102608	942982
吉 林	10874076	10857441	16635	292292
黑 龙 江	6900180	6885590	14591	36497
上 海	38028288	29177290	8850998	5196214
江 苏	119380573	118593526	787046	7706504
浙 江	66777042	64145913	2631130	4274463
安 徽	42191758	41805825	385934	1294134
福 建	34273029	34145310	127719	773480
江 西	38147273	37781418	365855	1070091
山 东	82495755	81742812	752943	1255027
河 南	81769378	81083417	685961	1896585
湖 北	92364946	91413451	951495	1215544
湖 南	54003494	53495353	508140	1467107
广 东	88037692	79941333	8096359	4587329
广 西	18948697	18743469	205228	271585
海 南	2368183	2363989	4194	14865
重 庆	34730285	33797533	932752	837477
四 川	73505454	69781317	3724138	5436338
贵 州	19922036	19802188	119848	391175
云 南	31798747	30898028	900720	1027095
西 藏	1016276	979703	36572	40060
陕 西	47914087	43731814	4182273	4445408
甘 肃	11147956	9614298	1533658	103241
青 海	1247818	1205191	42627	5488
宁 夏	1151156	1138823	12333	38575
新 疆	11991351	11912720	78631	113839

2-63 各地区股份制企业建筑业总产值和竣工产值

单位：万元

地区	建筑业总产值	#装饰装修产值	#在外省完成的产值	按构成分组 建筑工程产值	安装工程产值	其他产值	竣工产值
全国总计	**1204987133**	**54357621**	**455710928**	**1063991947**	**105716549**	**35278637**	**569511031**
北京	79448804	5596629	59893545	75461678	3101348	885777	31261098
天津	26833523	363088	17009091	23912636	2190544	730343	13045135
河北	32493489	900647	13402649	25527267	5108736	1857486	13764356
山西	25263051	515559	12312122	22302776	2363805	596471	7223819
内蒙古	5044347	78048	142492	4326932	213516	503899	2156151
辽宁	17075756	481131	6775695	14164845	2575488	335423	5795845
吉林	11149734	325302	2006173	8844378	1538034	767322	6871473
黑龙江	6922086	216893	1279538	5894169	746353	281565	3888102
上海	34373505	3369691	20127614	29366427	3817920	1189157	19446569
江苏	126300030	8022046	71154115	116908681	8359757	1031593	91909618
浙江	68420376	5153004	30556295	58445004	8896122	1079250	37662235
安徽	43099958	721350	11517100	36806516	3543362	2750080	17668045
福建	34918790	533929	14451085	32707909	2065226	145655	14968216
江西	38851509	1700674	13623686	34448190	2581182	1822138	21874245
山东	82997839	4790318	18842906	70557758	10597235	1842846	35075267
河南	82980003	2305947	20772952	73833035	6826883	2320085	52293205
湖北	92628995	3206755	35526905	81457071	8470784	2701140	37553849
湖南	54962460	2094398	21931465	48348576	3417447	3196438	27898315
广东	84528661	7795893	21444204	73264157	8598016	2666489	29185675
广西	19015054	667218	2831230	17563492	1082648	368915	9028759
海南	2378854	115945	28811	1946976	320738	111140	1031810
重庆	34635010	928705	8672950	31516988	2248220	869803	15871244
四川	75217654	2301948	18324414	64798551	7434526	2984578	30253152
贵州	20193363	165760	7415681	17590100	1671425	931838	9269075
云南	31925122	312114	3847658	29654107	1598112	672904	8935457
西藏	1019763	3548	63520	937760	57298	24706	304803
陕西	48177222	1435390	18505039	42471434	4135543	1570245	14645947
甘肃	9717539	154755	1035572	8134821	917191	665527	4217119
青海	1210679	11816	183010	937348	176934	96398	518070
宁夏	1177399	19540	64971	1037573	125801	14025	540718
新疆	12026558	69580	1968442	10824794	936359	265405	5353659

2-64 各地区股份制建筑业企业房屋建筑面积

地 区	房 屋 施工面积 (万平方米)	#本年新开工	房 屋 竣工面积 (万平方米)	房屋竣工率 (%)
全国总计	**722341**	**243425**	**180018**	**24.9**
北 京	55906	15175	7784	13.9
天 津	11587	3260	1746	15.1
河 北	20479	6119	4396	21.5
山 西	9466	2762	1547	16.3
内蒙古	2085	916	708	34.0
辽 宁	8002	2765	1390	17.4
吉 林	5523	2176	1757	31.8
黑龙江	1854	925	872	47.0
上 海	26556	6953	4806	18.1
江 苏	97304	30786	27354	28.1
浙 江	73602	20427	15065	20.5
安 徽	24108	8269	7404	30.7
福 建	27626	7312	4328	15.7
江 西	16057	7549	6894	42.9
山 东	49174	18845	11691	23.8
河 南	47019	18285	13547	28.8
湖 北	48665	21573	18101	37.2
湖 南	36761	13957	10839	29.5
广 东	37262	11565	9520	25.5
广 西	13910	3977	2776	20.0
海 南	1393	334	271	19.5
重 庆	18032	6833	5875	32.6
四 川	33904	14261	8849	26.1
贵 州	10403	3368	2683	25.8
云 南	10128	4212	2861	28.2
西 藏	150	70	76	50.5
陕 西	23892	6029	3625	15.2
甘 肃	6038	2243	1487	24.6
青 海	299	110	169	56.5
宁 夏	462	202	146	31.7
新 疆	4698	2172	1452	30.9

2-65 各地区按主要用途分的股份制建筑业企业房屋竣工面积

单位：万平方米

地区	总计	住宅房屋	商业及服务用房屋	办公用房屋	科研、教育和医疗用房屋
全国总计	**180018**	**123974**	**13816**	**8415**	**9205**
北京	7784	4587	1294	422	184
天津	1746	1020	141	72	115
河北	4396	3045	292	168	230
山西	1547	1068	102	88	115
内蒙古	708	520	27	32	40
辽宁	1390	925	92	54	37
吉林	1757	1182	97	92	43
黑龙江	872	704	16	28	17
上海	4806	2855	637	219	258
江苏	27354	20572	1171	1204	1050
浙江	15065	9768	1151	1012	516
安徽	7404	5463	343	204	208
福建	4328	3261	344	204	152
江西	6894	4262	673	374	302
山东	11691	8086	823	522	937
河南	13547	9046	1217	799	904
湖北	18101	11388	2342	881	1232
湖南	10839	7704	800	638	584
广东	9520	7360	387	161	297
广西	2776	1847	146	138	252
海南	271	170	45	7	19
重庆	5875	4414	390	149	300
四川	8849	6473	594	276	364
贵州	2683	1866	132	91	263
云南	2861	1942	202	211	242
西藏	76	54	5	4	9
陕西	3625	2313	168	182	313
甘肃	1487	1066	77	62	89
青海	169	85	2	30	11
宁夏	146	70	31	6	15
新疆	1452	858	77	90	108

2-65 续表

单位：万平方米

地　区	文化、体育和娱乐用房屋	厂房及建筑物	仓　库	其他未列明的房屋建筑物
全国总计	**2080**	**17284**	**997**	**4248**
北　京	386	704	7	201
天　津	45	250	12	92
河　北	23	436	35	168
山　西	15	105	1	54
内蒙古	4	37	8	42
辽　宁	13	193	27	48
吉　林	9	230	47	57
黑龙江	1	82	8	17
上　海	56	542	10	229
江　苏	184	2650	166	356
浙　江	174	2085	145	215
安　徽	35	925	41	184
福　建	35	307	5	20
江　西	77	1032	45	130
山　东	106	950	47	220
河　南	183	1058	116	224
湖　北	303	1560	108	287
湖　南	127	638	61	288
广　东	43	895	41	336
广　西	35	228	7	124
海　南	2	6		23
重　庆	11	491	11	110
四　川	61	886	6	189
贵　州	47	196	16	73
云　南	35	98	16	114
西　藏	1	2	1	2
陕　西	45	445	5	154
甘　肃	16	70	1	106
青　海		32		8
宁　夏	1	15	4	6
新　疆	9	134	2	174

2−66 各地区按主要用途分的股份制建筑业企业房屋竣工价值

单位：万元

地区	总计	住宅房屋	商业及服务用房屋	办公用房屋	科研、教育和医疗用房屋
全国总计	**352757066**	**221248466**	**40251586**	**18594532**	**23856636**
北京	18929954	9460997	3292106	1530736	641434
天津	3770845	2177487	326326	156156	390690
河北	7248238	4982499	454555	301806	439707
山西	2945532	1743641	204379	191643	270528
内蒙古	1167251	814304	54953	86748	62363
辽宁	2269871	1405127	148384	140146	94854
吉林	2981372	1974356	158383	177781	92221
黑龙江	1432098	1103416	19426	66595	36287
上海	11335069	6009399	1764634	726431	815102
江苏	61997055	45270681	2978121	3094001	2887798
浙江	27064149	17019953	2133703	2417911	1275286
安徽	11562033	8837834	530940	250151	374190
福建	8290765	6079383	774096	500243	293514
江西	10757533	6517184	1082285	604920	630120
山东	22070032	13497078	1781621	1608399	2175420
河南	41732116	16877153	15371403	1299983	4794219
湖北	25414323	16029109	3275895	1177101	1925830
湖南	18294903	12062623	1435185	1332631	1115984
广东	17858918	13664606	873535	440867	948007
广西	6034627	3537724	347940	315633	587320
海南	602431	362453	93029	14319	56351
重庆	10018797	7035894	669387	280308	618862
四川	15305300	10384841	1127298	497550	978292
贵州	4499471	2814582	265467	191498	536915
云南	5470279	3688522	383359	349217	539048
西藏	128452	79574	13795	5660	18947
陕西	7383940	4164636	338377	403442	705554
甘肃	2891362	1932665	114289	147514	199277
青海	312444	128028	3456	71355	26943
宁夏	259323	104235	60288	14694	35579
新疆	2728583	1488485	174972	199097	289998

2-66 续表 单位：万元

地　区	文化、体育和娱乐用房屋	厂房及建筑物	仓　库	其他未列明的房屋建筑物
全国总计	**5097215**	**32129156**	**1763809**	**9815666**
北　京	936680	2368918	25661	673422
天　津	59795	418263	25618	216510
河　北	44572	663074	55212	306813
山　西	67259	251392	2410	214281
内蒙古	12511	69637	12143	54592
辽　宁	95878	258193	40547	86743
吉　林	38357	320916	89130	130231
黑龙江	1541	148764	16196	39873
上　海	267658	1295927	38683	417236
江　苏	566259	5727652	406594	1065951
浙　江	381135	2808803	189541	837818
安　徽	66667	1214134	50879	237238
福　建	60493	504855	11591	66592
江　西	122813	1491295	135304	173612
山　东	273484	2079196	87343	567491
河　南	445288	2429036	151903	363132
湖　北	387130	2074816	84711	459732
湖　南	378051	1090024	122697	757708
广　东	96081	1300601	59022	476199
广　西	108858	450221	13279	673653
海　南	6381	13621	33	56244
重　庆	39125	1193693	33448	148081
四　川	139410	1818794	11258	347857
贵　州	167284	354726	44844	124154
云　南	66000	192488	34320	217326
西　藏	607	2716	818	6336
陕　西	165101	1025404	9966	571459
甘　肃	64121	212208	2676	218614
青　海	462	61116	413	20672
宁　夏	2380	27110	5215	9823
新　疆	35834	261566	2356	276275

2-67 各地区股份制建筑业企业主要生产效益指标

地　区	建筑业企业个数（个）	从事建筑业活动的平均人数（人）	按总产值计算的劳动生产率（元/人）	人均竣工产值（元/人）	人均施工面积（平方米/人）	人均竣工面积（平方米/人）
全国总计	**30128**	**26425124**	**456001**	**215519**	**273.4**	**68.1**
北　京	937	1374365	578076	227459	406.8	56.6
天　津	584	557952	480929	233804	207.7	31.3
河　北	751	403240	805810	341344	507.9	109.0
山　西	496	585588	431413	123360	161.7	26.4
内蒙古	472	129370	389916	166666	161.1	54.7
辽　宁	1179	322743	529082	179581	247.9	43.1
吉　林	1087	248827	448092	276155	221.9	70.6
黑龙江	812	219083	315957	177472	84.6	39.8
上　海	509	486421	706662	399789	545.9	98.8
江　苏	1341	2782618	453889	330299	349.7	98.3
浙　江	680	1844432	370956	204194	399.0	81.7
安　徽	1677	904895	476298	195250	266.4	81.8
福　建	750	1126919	309861	132824	245.1	38.4
江　西	1282	849715	457230	257430	189.0	81.1
山　东	2482	1929591	430132	181776	254.8	60.6
河　南	3548	1998326	415248	261685	235.3	67.8
湖　北	1686	1331970	695429	281942	365.4	135.9
湖　南	1044	1443687	380709	193244	254.6	75.1
广　东	1734	1506915	560939	193678	247.3	63.2
广　西	315	585645	324686	154168	237.5	47.4
海　南	134	55529	428399	185815	250.8	48.8
重　庆	908	867777	399123	182895	207.8	67.7
四　川	1933	1919557	391849	157605	176.6	46.1
贵　州	441	447530	451218	207116	232.4	59.9
云　南	835	843366	378544	105950	120.1	33.9
西　藏	108	27038	377159	112732	55.6	28.1
陕　西	1023	953574	505228	153590	250.6	38.0
甘　肃	695	271052	358512	155583	222.8	54.8
青　海	128	37548	322435	137976	79.6	45.0
宁　夏	89	29330	401432	184357	157.4	49.9
新　疆	468	340521	353181	157220	138.0	42.6

2-68 各地区股份制建筑业企业资产构成

单位：万元

地 区	资产合计	#流动资产合计	#存货
全国总计	**1386666084**	**1066162405**	**172874248**
北 京	214724565	121316342	9758717
天 津	50554402	39935998	4545148
河 北	37922073	32556988	6277295
山 西	37774572	31065826	4082763
内蒙古	9590039	7480961	847442
辽 宁	30450156	26221945	3522853
吉 林	16145038	13828970	1471689
黑龙江	12281415	10219532	1498730
上 海	55426617	46945718	9487250
江 苏	87703875	75406836	16169250
浙 江	55331614	46175041	11119951
安 徽	45333036	32962906	4850870
福 建	27662963	23686188	5379060
江 西	30063743	24867350	6215764
山 东	88720124	72654046	14436130
河 南	64569475	51362871	8009348
湖 北	66935044	55184290	10536805
湖 南	40168983	28896178	3419039
广 东	115366918	89229751	12383441
广 西	10363849	8905887	1515837
海 南	3208579	2872527	183460
重 庆	31821951	26335896	6491608
四 川	82186991	64456552	12087484
贵 州	29953215	24421650	3964454
云 南	46399794	31010980	4868802
西 藏	3351888	2475254	148066
陕 西	52137242	43164615	5209662
甘 肃	16695842	13150996	2304818
青 海	2247199	1786870	429860
宁 夏	1513714	1397147	192977
新 疆	20061172	16186298	1465678

2-69 各地区股份制建筑业企业固定资产情况

单位：万元

地　区	固定资产原价	固定资产折旧	#本年折旧	在建工程
全国总计	**98425923**	**47849399**	**6829524**	**12668902**
北　京	5653005	3137612	478615	553360
天　津	4394005	2252697	251019	384951
河　北	4405364	2554426	193282	567329
山　西	3006212	1746107	300618	559111
内蒙古	1051647	505194	93292	87367
辽　宁	3009916	1749934	176139	121563
吉　林	1390714	726710	80656	272028
黑龙江	1364511	650136	72321	39577
上　海	3247134	1862071	223428	144895
江　苏	6937309	3224413	424572	660376
浙　江	3881939	1832806	236403	250107
安　徽	3484905	1392333	192996	640832
福　建	1429188	617343	89691	114538
江　西	2484757	1072962	165467	377802
山　东	7837076	3812565	505784	664864
河　南	7494529	3270745	645254	790033
湖　北	6976278	3524060	603099	1893314
湖　南	4070515	1697445	313816	681564
广　东	5690311	2775847	378254	598536
广　西	723173	331744	47589	223254
海　南	93631	46430	6180	16320
重　庆	2149735	1090734	157472	311436
四　川	5595080	2622836	330767	794683
贵　州	896198	396495	53199	443960
云　南	2871181	1266935	188869	159660
西　藏	176882	75190	6735	40533
陕　西	3976527	2015769	363461	564791
甘　肃	1947674	609623	84770	332427
青　海	277467	145912	38852	2388
宁　夏	150770	81846	10034	5446
新　疆	1758290	760479	116892	371859

2-70 各地区股份制建筑业企业负债及所有者权益

单位：万元

地　区	负债合计	#流动负债	#应付账款	所有者权益	#实收资本
全国总计	**991500124**	**898614718**	**364385971**	**395167245**	**182656563**
北　京	136756970	122084574	43811663	77967594	24403491
天　津	40216661	37673666	16417365	10337741	5910479
河　北	29267613	27511962	12983522	8654460	4959097
山　西	30544307	29374713	13583109	7230265	4217463
内蒙古	6115607	5593236	2066284	3474432	1884651
辽　宁	24003182	21276508	7085450	6448082	3548855
吉　林	11336028	10486320	3624741	4809010	2863387
黑龙江	8334725	7307498	2827139	3946689	2669940
上　海	44601400	43157177	20479563	10825217	5964820
江　苏	56613388	52606115	19942398	31090487	9198677
浙　江	38452460	36401615	14687116	16879331	6414350
安　徽	30508249	26799142	9807166	14824787	6518085
福　建	19558366	18005939	5197306	8104597	4326332
江　西	19853462	17798105	7130384	10210281	6243357
山　东	67578189	61895000	24533782	21141935	10349492
河　南	42801244	39357861	15739881	21768231	12306124
湖　北	46790332	41954776	21043178	20144712	9317622
湖　南	27566201	23576626	10507479	12602782	5781020
广　东	87315936	76682648	27375074	28050981	13449558
广　西	7365508	6455722	2262053	2998341	1970694
海　南	1922873	1849591	862522	1285706	889854
重　庆	23607644	20867442	8631433	8214307	4105220
四　川	60990316	54229737	23043986	21196675	12904586
贵　州	22173326	20228000	9719464	7779889	2891145
云　南	33094811	27046430	10455457	13304984	7111839
西　藏	2253223	1624587	445287	1098665	334242
陕　西	41510337	38975929	18951821	10626905	6313539
甘　肃	12183847	11486879	5046579	4511994	2366496
青　海	1481863	1333946	491248	765336	602574
宁　夏	1116403	1064337	406832	397311	308916
新　疆	15585652	13908639	5226691	4475519	2530658

2-71 各地区股份制建筑业企业收入情况

单位：万元

地 区	主营业务收入	#主营业务成本	#主营业务税金及附加	其他业务收入	#其他业务利润
全国总计	**1136911032**	**1045646429**	**7659826**	**17172167**	**1290336**
北 京	102247691	95678936	226596	711043	215379
天 津	28760998	26663945	65221	244445	38402
河 北	26119753	24101477	167525	3614391	31259
山 西	25816724	23853079	73472	232134	46580
内蒙古	6023173	5457741	46040	96927	17833
辽 宁	15765889	14448842	80453	702470	17187
吉 林	10927204	9943872	101460	278146	10538
黑龙江	7552171	6922910	46061	75737	1325
上 海	45517935	42234141	110340	231852	33972
江 苏	108653805	99018727	714156	740318	105202
浙 江	59906888	56090044	253908	434199	109162
安 徽	35991898	32875825	255274	443957	35111
福 建	30129981	27798961	281947	171131	24817
江 西	31758441	29027758	347045	406915	20248
山 东	75197435	69089410	440523	1025495	96717
河 南	70992911	63405478	1003010	1508061	55645
湖 北	83708117	76466364	866164	356677	40915
湖 南	50493970	46191803	709095	121104	8924
广 东	88247832	80485247	401801	959873	183989
广 西	14695607	13783434	88320	385329	17686
海 南	3177527	2775373	19519	72297	619
重 庆	29956185	27440009	246784	564175	35818
四 川	64083585	58981806	448046	1100133	52937
贵 州	19381704	18172707	74860	328791	4458
云 南	28115616	25784962	190776	475340	25999
西 藏	1791027	1545193	11223	2715	477
陕 西	45371356	42663949	226725	1121154	32425
甘 肃	11184316	10312310	97572	289008	8887
青 海	1321147	1250976	5757	109811	1147
宁 夏	1100160	1012395	5789	10175	1314
新 疆	12919985	12168756	54364	358366	15365

2-72 各地区股份制建筑业企业费用情况

单位：万元

地区	管理费用	销售费用	研发费用	财务费用	#利息收入	#利息支出
全国总计	**30326901**	**2700165**	**11661445**	**7800495**	**3703292**	**17369403**
北京	2610386	162210	1267946	1142405	1354111	1565397
天津	811481	59342	582148	299195	185747	408708
河北	871325	61808	291195	187099	65433	199981
山西	938672	29434	676964	112745	96234	163091
内蒙古	246672	6324	21757	66034	3662	56343
辽宁	644732	28641	182476	196412	29669	154485
吉林	384461	11223	7709	89553	1889	52832
黑龙江	291962	18342	36670	59431	16322	53202
上海	1080430	101819	1014154	61828	139744	167445
江苏	2538023	262535	585702	599197	166707	432040
浙江	1389593	104712	429156	316875	86451	381852
安徽	1041141	159998	407009	251838	77192	253061
福建	760740	45008	192483	221972	23155	103170
江西	803479	88622	264840	153503	21346	101533
山东	2126066	129248	579730	531928	115729	451702
河南	2102813	278344	368356	422419	339782	9660351
湖北	2086818	290211	1025458	264925	100292	289029
湖南	1382593	133190	728671	228563	83774	223858
广东	2190658	223526	1255449	799150	188652	732828
广西	381490	9887	87660	93951	9831	90475
海南	72945	4845	1063	9017	407	7772
重庆	811368	55486	195094	260494	45920	199115
四川	1788602	214193	588719	505924	223104	537527
贵州	398458	10794	234147	98765	66126	130890
云南	686474	47141	170885	388691	35491	409426
西藏	56441	3354	7055	15267	8916	21427
陕西	1009526	106498	370837	174929	143131	267768
甘肃	327178	40217	38281	86173	44015	96775
青海	56365	737	1288	12520	1488	8928
宁夏	46789	1787	1129	3992	551	1304
新疆	389221	10690	47413	145701	28424	147087

2－73　各地区股份制建筑业企业利润及税金情况

单位：万元

地　区	利润总额		税金总额		
		#应交所得税		主营业务税金及附加	应交增值税
全国总计	**41624623**	**7460293**	**31954354**	**7659826**	**24294529**
北　京	6759544	383366	1651332	226596	1424736
天　津	379133	85822	359060	65221	293839
河　北	739745	207151	760347	167525	592822
山　西	580557	66454	529185	73472	455714
内蒙古	218843	59002	220297	46040	174257
辽　宁	213645	73734	441133	80453	360680
吉　林	434411	154510	445052	101460	343592
黑龙江	395060	51489	238971	46061	192910
上　海	997521	159854	766778	110340	656438
江　苏	5116576	1137886	3617255	714156	2903099
浙　江	1737939	377044	1589253	253908	1335346
安　徽	1313290	206310	954056	255274	698782
福　建	929664	239436	881786	281947	599839
江　西	1144211	246005	1010913	347045	663868
山　东	2296442	456630	2136637	440523	1696115
河　南	3693370	600336	2880744	1003010	1877734
湖　北	3020550	738387	3007471	866164	2141307
湖　南	1586431	265990	1872432	709095	1163337
广　东	3080015	656602	2148916	401801	1747116
广　西	299882	81284	408046	88320	319726
海　南	104777	55214	158321	19519	138802
重　庆	1106982	202320	930590	246784	683806
四　川	1958203	326789	1769001	448046	1320955
贵　州	415360	72223	381507	74860	306647
云　南	1257250	223069	869918	190776	679142
西　藏	158710	13297	40979	11223	29756
陕　西	1068571	173605	970027	226725	743302
甘　肃	364799	69590	388028	97572	290456
青　海	27202	5987	51610	5757	45853
宁　夏	35444	6641	40280	5789	34491
新　疆	190498	64265	434430	54364	380066

2-74 各地区股份制建筑业企业应收工程款及企业亏损情况

地 区	应收工程款(万元)	企业个数(个)	#亏损企业个数	亏损企业的比重(%)
全国总计	**310804053**	**30128**	**4755**	**15.8**
北 京	26692362	937	220	23.5
天 津	11317265	584	110	18.8
河 北	8987248	751	133	17.7
山 西	10205971	496	94	19.0
内蒙古	3539663	472	111	23.5
辽 宁	7915009	1179	336	28.5
吉 林	6426673	1087	202	18.6
黑龙江	3443401	812	195	24.0
上 海	11799656	509	79	15.5
江 苏	22847403	1341	78	5.8
浙 江	12534629	680	92	13.5
安 徽	10078620	1677	213	12.7
福 建	3958653	750	94	12.5
江 西	7339072	1282	132	10.3
山 东	23601275	2482	455	18.3
河 南	13808582	3548	402	11.3
湖 北	17724134	1686	191	11.3
湖 南	8629508	1044	82	7.9
广 东	24434253	1734	307	17.7
广 西	2277527	315	56	17.8
海 南	946298	134	24	17.9
重 庆	7998356	908	128	14.1
四 川	16225160	1933	248	12.8
贵 州	8835991	441	88	20.0
云 南	9266359	835	158	18.9
西 藏	989906	108	17	15.7
陕 西	17137392	1023	150	14.7
甘 肃	4297268	695	142	20.4
青 海	496749	128	42	32.8
宁 夏	640257	89	27	30.3
新 疆	6409412	468	149	31.8

2-75 各地区股份制建筑业企业主要经济效益指标

地区	产值利润率(%)	产值利税率(%)	资本利润率(%)	资本利税率(%)	人均利润(元/人)	人均利税(元/人)	资产负债率(%)
全国总计	**3.5**	**6.1**	**22.8**	**40.3**	**15752**	**27844**	**71.5**
北京	8.5	10.6	27.7	34.5	49183	61198	63.7
天津	1.4	2.8	6.4	12.5	6795	13230	79.6
河北	2.3	4.6	14.9	30.2	18345	37201	77.2
山西	2.3	4.4	13.8	26.3	9914	18951	80.9
内蒙古	4.3	8.7	11.6	23.3	16916	33945	63.8
辽宁	1.3	3.8	6.0	18.5	6620	20288	78.8
吉林	3.9	7.9	15.2	30.7	17458	35344	70.2
黑龙江	5.7	9.2	14.8	23.7	18032	28940	67.9
上海	2.9	5.1	16.7	29.6	20507	36271	80.5
江苏	4.1	6.9	55.6	94.9	18388	31387	64.6
浙江	2.5	4.9	27.1	51.9	9423	18039	69.5
安徽	3.0	5.3	20.1	34.8	14513	25056	67.3
福建	2.7	5.2	21.5	41.9	8250	16074	70.7
江西	2.9	5.5	18.3	34.5	13466	25363	66.0
山东	2.8	5.3	22.2	42.8	11901	22974	76.2
河南	4.5	7.9	30.0	53.4	18482	32898	66.3
湖北	3.3	6.5	32.4	64.7	22677	45256	69.9
湖南	2.9	6.3	27.4	59.8	10989	23959	68.6
广东	3.6	6.2	22.9	38.9	20439	34700	75.7
广西	1.6	3.7	15.2	35.9	5121	12088	71.1
海南	4.4	11.1	11.8	29.6	18869	47380	59.9
重庆	3.2	5.9	27.0	49.6	12757	23480	74.2
四川	2.6	5.0	15.2	28.9	10201	19417	74.2
贵州	2.1	3.9	14.4	27.6	9281	17806	74.0
云南	3.9	6.7	17.7	29.9	14908	25222	71.3
西藏	15.6	19.6	47.5	59.7	58699	73855	67.2
陕西	2.2	4.2	16.9	32.3	11206	21379	79.6
甘肃	3.8	7.7	15.4	31.8	13459	27774	73.0
青海	2.2	6.5	4.5	13.1	7245	20990	65.9
宁夏	3.0	6.4	11.5	24.5	12085	25818	73.8
新疆	1.6	5.2	7.5	24.7	5594	18352	77.7

2–76 各地区外商投资建筑业企业签订合同情况

单位：万元

地区	签订合同额	上年结转合同额	本年新签合同额
全国总计	**14328920**	**6730224**	**7598696**
北京	1407775	707427	700348
天津	57736	22167	35570
河北	9139	1454	7685
山西	1956	320	1636
内蒙古			
辽宁	53378	18132	35246
吉林			
黑龙江	14729	7836	6892
上海	2967221	1480782	1486439
江苏	1965707	960484	1005222
浙江	3188927	1638162	1550764
安徽	265		265
福建	233296	205221	28075
江西	7992	3303	4689
山东	60119	4602	55517
河南	93905	5203	88702
湖北	997137	303271	693866
湖南	161845	56315	105530
广东	2167566	1113398	1054168
广西			
海南			
重庆	84309	56628	27681
四川	10064	8095	1969
贵州	7291		7291
云南	1943	273	1670
西藏			
陕西	751894	137150	614744
甘肃	1005		1005
青海			
宁夏	83723		83723
新疆			

2-77 各地区外商投资建筑业企业承包工程完成情况

单位：万元

地区	直接从建设单位承揽工程完成的产值			从建设单位以外承揽工程完成的产值
		自行完成施工产值	分包出去工程的产值	
全国总计	**6623674**	**5500515**	**1123159**	**438431**
北京	525433	391272	134162	108683
天津	19631	19631		32250
河北	683	683		
山西	1567	1532	35	
内蒙古				
辽宁	45847	45847		530
吉林				
黑龙江	10617	10617		
上海	1377698	797371	580326	128553
江苏	1220876	1173974	46902	135471
浙江	554739	554739		12661
安徽	265	265		
福建	172669	172590	79	79
江西	8065	8065		
山东	48706	48706		6322
河南	81538	81388	150	150
湖北	576607	576607		
湖南	161845	161845		
广东	1388137	1383899	4238	4390
广西				
海南				
重庆	39440	39440		332
四川	220	220		7178
贵州	1786	1786		
云南				1832
西藏				
陕西	302569	15345	287224	
甘肃	1005	1005		
青海	10	10		
宁夏	83723	13679	70043	
新疆				

2-78 各地区外商投资企业建筑业总产值和竣工产值

单位：万元

地　区	建筑业总产值	#装饰装修产值	#在外省完成的产值	按构成分组			竣工产值
				建筑工程产值	安装工程产值	其他产值	
全国总计	**5938946**	**526394**	**3339427**	**4856389**	**991476**	**91082**	**3324840**
北　京	499955	34707	235536	461391	35828	2737	356866
天　津	51881		24746	32250	19631		32791
河　北	683	673	77			683	
山　西	1532				1532		
内蒙古							
辽　宁	46377	2595	10614	19669	23432	3277	35121
吉　林							
黑龙江	10617	2213		8404	2213		
上　海	925925	249300	615823	586703	297851	41371	492443
江　苏	1309445	36744	670150	874646	431787	3011	736272
浙　江	567399	61817	391231	559431	7968		401804
安　徽	265					265	
福　建	172669		97189	167929	4697	43	32075
江　西	8065			2193	5871		8065
山　东	55028	1905	9751	47980	7019	29	20998
河　南	81538		7618	29958	51580		72369
湖　北	576607	48057	212312	576607			203928
湖　南	161845		132769	123611		38234	161845
广　东	1388290	87160	891950	1304691	83383	216	762761
广　西							
海　南							
重　庆	39772		18824	36978	2794		
四　川	7398	220	4404	220	7178		4064
贵　州	1786				1786		
云　南	1832		1541		1832		1832
西　藏							
陕　西	15345		1212	9413	4720	1212	600
甘　肃	1005	1005		634	372		1005
青　海	10			3	3	4	
宁　夏	13679		13679	13679			
新　疆							

2-79 各地区外商投资建筑业企业房屋建筑面积

地 区	房 屋 施工面积 (万平方米)	#本年新开工	房 屋 竣工面积 (万平方米)	房屋竣工率 (%)
全国总计	**3339**	**1367**	**426**	**12.8**
北 京	193	51	50	26.2
天 津				
河 北				
山 西				
内蒙古				
辽 宁				75.1
吉 林				
黑龙江				
上 海	104	45	40	38.7
江 苏	231	34	27	11.4
浙 江	1502	729	162	10.8
安 徽				
福 建	19	8	8	40.7
江 西	2	1	2	92.5
山 东				
河 南	1			
湖 北	291	191	86	29.5
湖 南				
广 东	953	306	52	5.4
广 西				
海 南				
重 庆				
四 川				
贵 州				
云 南				
西 藏				
陕 西	43			
甘 肃				
青 海				
宁 夏				
新 疆				

2-80 各地区按主要用途分的外商投资建筑业企业房屋竣工面积

单位：万平方米

地区	总计	住宅房屋	商业及服务用房屋	办公用房屋	科研、教育和医疗用房屋
全国总计	**426**	**284**		**14**	**7**
北京	50	23			
天津					
河北					
山西					
内蒙古					
辽宁					
吉林					
黑龙江					
上海	40				
江苏	27	14		1	
浙江	162	137			
安徽					
福建	8				
江西	2	2			
山东					
河南					
湖北	86	57		14	7
湖南					
广东	52	52			
广西					
海南					
重庆					
四川					
贵州					
云南					
西藏					
陕西					
甘肃					
青海					
宁夏					
新疆					

2-80 续表

单位：万平方米

地　区	文化、体育和娱乐用房屋	厂房及建筑物	仓　库	其他未列明的房屋建筑物
全国总计		**110**	**1**	**11**
北　京		27	1	
天　津				
河　北				
山　西				
内 蒙 古				
辽　宁				
吉　林				
黑 龙 江				
上　海		40		
江　苏		12		
浙　江		25		
安　徽				
福　建		5		3
江　西				
山　东				
河　南				
湖　北				8
湖　南				
广　东				
广　西				
海　南				
重　庆				
四　川				
贵　州				
云　南				
西　藏				
陕　西				
甘　肃				
青　海				
宁　夏				
新　疆				

2-81 各地区按主要用途分的外商投资建筑业企业房屋竣工价值

单位：万元

地 区	总计	住宅房屋	商业及服务用房屋	办公用房 屋	科研、教育和医疗用房屋
全国总计	**958379**	**606676**		**26226**	**13716**
北 京	148909	38963			
天 津					
河 北					
山 西					
内蒙古					
辽 宁	184				
吉 林					
黑龙江					
上 海	106903				
江 苏	77981	40069		508	
浙 江	314828	289499			
安 徽					
福 建	16567				
江 西	2193	2193			
山 东					
河 南					
湖 北	202726	147861		25718	13716
湖 南					
广 东	88090	88090			
广 西					
海 南					
重 庆					
四 川					
贵 州					
云 南					
西 藏					
陕 西					
甘 肃					
青 海					
宁 夏					
新 疆					

2-81 续表

单位：万元

地　　区	文化、体育和娱乐用房屋	厂房及建筑物	仓　库	其他未列明的房屋建筑物
全国总计		**289966**	**975**	**20820**
北　京		108971	975	
天　津				
河　北				
山　西				
内蒙古				
辽　宁		184		
吉　林				
黑龙江				
上　海		106903		
江　苏		37403		
浙　江		25329		
安　徽				
福　建		11178		5389
江　西				
山　东				
河　南				
湖　北				15431
湖　南				
广　东				
广　西				
海　南				
重　庆				
四　川				
贵　州				
云　南				
西　藏				
陕　西				
甘　肃				
青　海				
宁　夏				
新　疆				

2-82 各地区外商投资建筑业企业主要生产效益指标

地 区	建筑业企业个数（个）	从事建筑业活动的平均人数（人）	按总产值计算的劳动生产率（元/人）	人均竣工产值（元/人）	人均施工面积（平方米/人）	人均竣工面积（平方米/人）
全国总计	**190**	**121939**	**487042**	**272664**	**273.8**	**35.0**
北 京	23	8520	586802	418857	226.1	59.2
天 津	4	574	903854	571277		
河 北	2	61	111951			
山 西	1	42	364857			
内蒙古						
辽 宁	17	1015	456915	346023	3.9	2.9
吉 林						
黑龙江	2	391	271527			
上 海	43	42393	218415	116161	24.5	9.5
江 苏	38	22300	587195	330167	103.6	11.9
浙 江	5	18578	305415	216280	808.7	87.2
安 徽	1	10	265100			
福 建	7	2337	738849	137250	80.4	32.7
江 西	2	547	147431	147431	30.8	28.5
山 东	8	928	592971	226274		
河 南	5	1601	509292	452021	5.3	
湖 北	4	5460	1056057	373494	533.7	157.7
湖 南	1	4829	335152	335152		
广 东	11	9938	1396951	767520	958.7	52.1
广 西						
海 南						
重 庆	3	626	635332			
四 川	2	378	195704	107524		
贵 州	1	68	262588			
云 南	1	65	281892	281892		
西 藏						
陕 西	6	751	204329	7989	575.2	
甘 肃	1	34	295647	295647		
青 海	1	3	33333			
宁 夏	1	490	279171			
新 疆						

2-83 各地区外商投资建筑业企业资产构成

单位：万元

地区	资产合计	#流动资产合计	#存货
全国总计	**13951339**	**13121331**	**2392853**
北京	982250	899613	202467
天津	79666	70788	20528
河北	7704	6114	2746
山西	2351	2284	594
内蒙古			
辽宁	147635	92473	6714
吉林			
黑龙江	12312	12120	2626
上海	1951736	1850686	685784
江苏	1354265	1086301	134363
浙江	141295	119596	30406
安徽	3413	3410	
福建	186302	175747	12507
江西	3360	2695	302
山东	106745	57963	9892
河南	165200	106609	14374
湖北	201108	181068	35590
湖南	180618	166072	12067
广东	7685943	7600267	1190064
广西			
海南			
重庆	125823	101545	12368
四川	32309	25911	14615
贵州	2252	1871	1651
云南	3488	2627	19
西藏			
陕西	392273	391523	766
甘肃	2795	1491	
青海	322	267	
宁夏	180175	162289	2412
新疆			

2–84 各地区外商投资建筑业企业固定资产情况

单位：万元

地区	固定资产原价	固定资产折旧	#本年折旧	在建工程
全国总计	**746840**	**327055**	**33342**	**47265**
北京	67173	41475	5426	864
天津	18543	11121	1148	140
河北	1090	840	2	
山西	143	76	23	
内蒙古				
辽宁	54562	19556	1900	2094
吉林				
黑龙江	870	701	79	
上海	59338	30912	2414	
江苏	296661	115859	12002	32247
浙江	24077	12412	1329	241
安徽	38	38		
福建	8275	4754	646	
江西	1180	762	62	
山东	43928	18628	1624	2474
河南	49196	9306	160	3552
湖北	17333	5959	797	74
湖南	8934	4021		
广东	28151	17344	1845	4990
广西				
海南				
重庆	23110	8093		72
四川	5679	2148	331	
贵州	266	2	2	100
云南	34	32	6	419
西藏				
陕西	706	310	124	
甘肃	64	64		
青海	105	101		
宁夏	37385	22545	3423	
新疆				

2－85 各地区外商投资建筑业企业负债及所有者权益

单位：万元

地 区	负债合计	#流动负债	#应付账款	所有者权益	#实收资本
全国总计	**10452852**	**8321600**	**1687732**	**3498488**	**1278064**
北 京	735861	729572	372883	246390	137071
天 津	41838	41838	34629	37828	20187
河 北	4912	4398	1104	2792	2575
山 西	810	810	255	1541	1000
内蒙古					
辽 宁	98304	90074	32095	49331	30413
吉 林					
黑龙江	9873	9873	2253	2439	1878
上 海	1459260	1433979	413253	492476	156979
江 苏	840843	753408	399794	513422	177025
浙 江	81215	81215	27690	60081	18676
安 徽	48			3365	3200
福 建	93085	88490	43130	93217	33438
江 西	1528	1528	1128	1832	1279
山 东	60398	58499	30420	46347	11364
河 南	125099	71243	13132	40101	16300
湖 北	111293	111093	44766	89815	60820
湖 南	84969	84969	24470	95649	5691
广 东	6121158	4179866	26384	1564785	539048
广 西					
海 南					
重 庆	96512	95137	65847	29311	13810
四 川	12058	11820	6099	20251	6059
贵 州	1401	1401	1357	851	851
云 南	1338	1338	874	2150	2000
西 藏					
陕 西	319921	319921	97827	72352	7600
甘 肃	144	144	53	2651	500
青 海	22	22	22	300	300
宁 夏	150961	150961	48268	29214	30000
新 疆					

2-86 各地区外商投资建筑业企业收入情况

单位：万元

地区	主营业务收入	#主营业务成本	#主营业务税金及附加	其他业务收入	#其他业务利润
全国总计	**7943697**	**6912525**	**26370**	**105351**	**-6390**
北京	879665	803189	1353	3478	646
天津	68884	50241	199	316	216
河北	688	495	7		
山西	1441	1109	7		
内蒙古					
辽宁	59336	42627	616	1311	140
吉林					
黑龙江	10048	7792	75		
上海	1691360	1475365	4615	7577	-9737
江苏	1481556	1280412	3841	14506	826
浙江	301158	288006	896		
安徽	241	133	1		
福建	152479	124239	591	161	-20
江西	8180	7662	24	47	
山东	60172	42416	397	519	151
河南	73596	61553	1769	10982	43
湖北	350657	323480	1630		
湖南	161845	100711	1246		
广东	2014891	1735738	7603	2638	1563
广西					
海南					
重庆	2050	1563	3	63764	
四川	13676	9961	3	53	
贵州	994	768	1		
云南	1548	1341	14		
西藏					
陕西	524604	489487	963		
甘肃	906	785	3		
青海					
宁夏	83723	63455	514		-218
新疆					

2-87 各地区外商投资建筑业企业费用情况

单位：万元

地区	管理费用	销售费用	研发费用	财务费用	#利息收入	#利息支出
全国总计	**298400**	**44751**	**84419**	**74445**	**23366**	**17801**
北京	38222	18290	2193	4136	875	4547
天津	2785	650	3000	327	8	68
河北	172			192	1	192
山西	93					
内蒙古						
辽宁	7215	317	1036	1939	1	552
吉林						
黑龙江	1653	179	2	304	304	75
上海	82168	11209	5082	-17172	18930	1365
江苏	56931	6183	7773	1835	2356	2074
浙江	6044	562	207	278	220	263
安徽	241			-61		
福建	9323	579	680	1754	45	1642
江西	401			-6	6	
山东	5660	41		1158	148	432
河南	7255	1096	536	-572	-1	62
湖北	9304	3270		878		
湖南	5878	25		-591		
广东	42526	1712	63581	77753	-418	6164
广西						
海南						
重庆	3916	358	331	-268	283	4
四川	2176	228		217	-2	215
贵州	251	54				
云南	67			-1	1	
西藏						
陕西	12655			-1486	609	147
甘肃	81					
青海						
宁夏	3382			3829		
新疆						

2-88 各地区外商投资建筑业企业利润及税金情况

单位：万元

地区	利润总额	#应交所得税	税金总额	主营业务税金及附加	应交增值税
全国总计	**504812**	**113531**	**171600**	**26370**	**145231**
北京	12505	4373	11680	1353	10327
天津	3334	706	1086	199	887
河北	-178	8	14	7	7
山西	233	15	56	7	49
内蒙古					
辽宁	5748	1019	1949	616	1333
吉林					
黑龙江	59	13	991	75	916
上海	131565	27823	22926	4615	18312
江苏	131174	31788	18949	3841	15109
浙江	5575	1175	9466	896	8570
安徽	-73		1	1	
福建	12986	3126	4433	591	3842
江西	133	14	191	24	167
山东	11065	3055	2308	397	1911
河南	10145	2379	3442	1769	1673
湖北	12052	3729	11039	1630	9409
湖南	54441	8401	10327	1246	9081
广东	77326	15010	59842	7603	52239
广西					
海南					
重庆	330		956	3	953
四川	960	134	202	3	199
贵州	-74		1	1	
云南	106	6	22	14	8
西藏					
陕西	23084	10485	9261	963	8299
甘肃	36	4	31	3	27
青海					
宁夏	12283	269	2427	514	1914
新疆					

2-89 各地区外商投资建筑业企业应收工程款及企业亏损情况

地　区	应收工程款(万元)	企业个数(个)	#亏损企业个数	亏损企业的比重(%)
全国总计	**3509593**	**190**	**57**	**30.0**
北　京	295553	23	12	52.2
天　津	23353	4	1	25.0
河　北	677	2	2	100.0
山　西	701	1		
内蒙古				
辽　宁	49220	17	6	35.3
吉　林				
黑龙江	5786	2		
上　海	326944	43	14	32.6
江　苏	419606	38	8	21.1
浙　江	50292	5		
安　徽	612	1	1	100.0
福　建	83055	7	2	28.6
江　西	989	2		
山　东	31578	8	5	62.5
河　南	48267	5		
湖　北	115221	4		
湖　南	116703	1		
广　东	1733003	11	1	9.1
广　西				
海　南				
重　庆	26109	3	1	33.3
四　川	9275	2	1	50.0
贵　州	220	1	1	100.0
云　南	1680	1		
西　藏				
陕　西	47178	6	2	33.3
甘　肃	837	1		
青　海		1		
宁　夏	122737	1		
新　疆				

2-90 各地区外商投资建筑业企业主要经济效益指标

地 区	产值利润率(%)	产值利税率(%)	资本利润率(%)	资本利税率(%)	人均利润(元/人)	人均利税(元/人)	资产负债率(%)
全国总计	**8.5**	**11.4**	**39.5**	**52.9**	**41399**	**55471**	**74.9**
北 京	2.5	4.8	9.1	17.6	14678	28387	74.9
天 津	6.4	8.5	16.5	21.9	58075	76993	52.5
河 北	-26.0	-24.0	-6.9	-6.4	-29131	-26853	63.8
山 西	15.2	18.9	23.3	28.9	55452	68833	34.5
内蒙古							
辽 宁	12.4	16.6	18.9	25.3	56633	75834	66.6
吉 林							
黑龙江	0.6	9.9	3.1	55.9	1509	26865	80.2
上 海	14.2	16.7	83.8	98.4	31035	36443	74.8
江 苏	10.0	11.5	74.1	84.8	58822	67320	62.1
浙 江	1.0	2.7	29.8	80.5	3001	8096	57.5
安 徽	-27.7	-27.4	-2.3	-2.3	-73400	-72700	1.4
福 建	7.5	10.1	38.8	52.1	55566	74535	50.0
江 西	1.6	4.0	10.4	25.3	2428	5918	45.5
山 东	20.1	24.3	97.4	117.7	119230	144096	56.6
河 南	12.4	16.7	62.2	83.4	63365	84866	75.7
湖 北	2.1	4.0	19.8	38.0	22073	42291	55.3
湖 南	33.6	40.0	956.6	1138.0	112737	134122	47.0
广 东	5.6	9.9	14.3	25.4	77808	138024	79.6
广 西							
海 南							
重 庆	0.8	3.2	2.4	9.3	5264	20532	76.7
四 川	13.0	15.7	15.8	19.2	25392	30730	37.3
贵 州	-4.1	-4.1	-8.7	-8.5	-10838	-10677	62.2
云 南	5.8	7.0	5.3	6.4	16369	19677	38.4
西 藏							
陕 西	150.4	210.8	303.7	425.6	307374	430692	81.6
甘 肃	3.6	6.6	7.2	13.3	10647	19618	5.2
青 海							6.8
宁 夏	89.8	107.5	40.9	49.0	250671	300210	83.8
新 疆							

2-91 各地区港澳台商投资建筑业企业签订合同情况

单位：万元

地区	签订合同额	上年结转合同额	本年新签合同额
全国总计	**21731793**	**12683742**	**9048051**
北京	1058197	489204	568993
天津	39064	29848	9216
河北	38764		38764
山西	6388	234	6154
内蒙古			
辽宁	1819383	1640418	178965
吉林	40777	3023	37754
黑龙江	3300		3300
上海	3309529	1094465	2215065
江苏	437379	172592	264787
浙江	3685792	1495836	2189956
安徽	93483	52035	41447
福建	531340	173346	357994
江西	2876464	1918911	957553
山东	216287	36502	179785
河南	48034	33516	14518
湖北	27949	5963	21986
湖南	470864	309057	161807
广东	6200464	4482931	1717534
广西			
海南			
重庆	698055	690984	7071
四川	45019	43728	1291
贵州			
云南	773		773
西藏			
陕西	84398	11150	73248
甘肃			
青海			
宁夏			
新疆	90		90

2-92 各地区港澳台商投资建筑业企业承包工程完成情况

单位：万元

地 区	直接从建设单位承揽工程完成的产值	自行完成施工产值	分包出去工程的产值	从建设单位以外承揽工程完成的产值
全国总计	**8350711**	**7167447**	**1183263**	**340547**
北 京	677071	451921	225150	107156
天 津	36063	32582	3481	
河 北	38629	38629		
山 西	5238	5238		
内蒙古				
辽 宁	410895	410895		
吉 林	19972	19972		
黑龙江	3300	3300		
上 海	812299	739507	72792	79049
江 苏	311171	306179	4992	28647
浙 江	1938440	1927964	10476	53407
安 徽	67012	67012		
福 建	316117	316117		9938
江 西	1326166	1326166		
山 东	129501	129501		
河 南	4483	4483		
湖 北	14179	14179		
湖 南	210035	210035		
广 东	1927229	1081060	846169	83
广 西				
海 南				
重 庆	49177	28974	20203	62268
四 川	10175	10175		
贵 州				
云 南	773	773		
西 藏				
陕 西	42706	42706		
甘 肃				
青 海				
宁 夏				
新 疆	80	80		

2-93 各地区港澳台商投资企业建筑业总产值和竣工产值

单位：万元

地区	建筑业总产值	#装饰装修产值	#在外省完成的产值	按构成分组			竣工产值
				建筑工程产值	安装工程产值	其他产值	
全国总计	**7507994**	**1939938**	**3548832**	**6360330**	**974359**	**173306**	**4297404**
北京	559077	405529	374718	527647	28806	2624	509791
天津	32582	27587	4109	32004	388	191	1760
河北	38629	34137		34264		4365	38629
山西	5238	1184	115	5238			4054
内蒙古							
辽宁	410895	404426	373092	403051	2218	5626	92677
吉林	19972	3134	6241	6372	10482	3118	7190
黑龙江	3300	3300		3300			3000
上海	818556	281527	428654	504995	263318	50243	350324
江苏	334826	41459	47262	288499	43704	2623	118536
浙江	1981371	20186	1061494	1874168	107203		1513306
安徽	67012	29175	30660	15485	49198	2329	12407
福建	326054	225462	221416	180685	144730	640	71519
江西	1326166	4323	397528	1265653	2619	57895	746362
山东	129501		37263	129501			66411
河南	4483			4014	469		469
湖北	14179	3250		13635	445	100	2874
湖南	210035	35074	64543	206967		3069	149915
广东	1081143	418255	398877	780180	299980	984	596801
广西							
海南							
重庆	91242	998	84410	36021	15719	39502	998
四川	10175	853	9321	10175			317
贵州							
云南	773			773			773
西藏							
陕西	42706		9129	37624	5083		9212
甘肃							
青海							
宁夏							
新疆	80	80		80			80

2-94 各地区港澳台商投资建筑业企业房屋建筑面积

地区	房屋施工面积（万平方米）	#本年新开工	房屋竣工面积（万平方米）	房屋竣工率(%)
全国总计	**4795**	**1844**	**1535**	**32.0**
北京	83	21	33	39.2
天津				
河北				
山西				
内蒙古				
辽宁				
吉林				
黑龙江				
上海	207	112	57	27.5
江苏	21	10	6	28.7
浙江	1701	874	733	43.1
安徽	7	1		5.1
福建	70	11	9	12.9
江西	1325	291	131	9.9
山东	1	1	1	42.0
河南				
湖北	12	9	2	19.9
湖南	211	53	82	38.9
广东	1102	452	456	41.3
广西				
海南				
重庆	5			
四川				
贵州				
云南	2	2	2	100.0
西藏				
陕西	48	8	25	51.4
甘肃				
青海				
宁夏				
新疆				

2-95 各地区按主要用途分的港澳台商投资建筑业企业房屋竣工面积

单位：万平方米

地区	总计	住宅房屋	商业及服务用房屋	办公用房屋	科研、教育和医疗用房屋
全国总计	**1535**	**650**	**136**	**50**	**74**
北京	32	14	19		
天津					
河北					
山西					
内蒙古					
辽宁					
吉林					
黑龙江					
上海	57				
江苏	6				
浙江	733	162	109	47	32
安徽					
福建	9	9			
江西	131	79	7	1	18
山东	1	1			
河南					
湖北	2				
湖南	82	75	1	2	2
广东	456	285			22
广西					
海南					
重庆					
四川					
贵州					
云南	2	2			
西藏					
陕西	25	25			
甘肃					
青海					
宁夏					
新疆					

2-95 续表 单位：万平方米

地区	文化、体育和娱乐用房屋	厂房及建筑物	仓库	其他未列明的房屋建筑物
全国总计	**62**	**558**	**3**	**2**
北京				
天津				
河北				
山西				
内蒙古				
辽宁				
吉林				
黑龙江				
上海		57		
江苏		6		
浙江	23	356	3	
安徽				
福建				
江西	27			
山东				
河南				
湖北		2		
湖南		2		
广东	12	134		2
广西				
海南				
重庆				
四川				
贵州				
云南				
西藏				
陕西				
甘肃				
青海				
宁夏				
新疆				

2-96 各地区按主要用途分的港澳台商投资建筑业企业房屋竣工价值

单位：万元

地区	总计	住宅房屋	商业及服务用房屋	办公用房屋	科研、教育和医疗用房屋
全国总计	**2254906**	**815951**	**408564**	**187908**	**229616**
北京	66566	28148	38418		
天津					
河北					
山西					
内蒙古					
辽宁					
吉林					
黑龙江					
上海	37610				
江苏	6596				
浙江	1445564	419925	350430	178982	124283
安徽	820			330	490
福建	13778	13714			
江西	306664	114932	16330	3069	77039
山东	750	750			
河南					
湖北	5039		837		
湖南	113575	98174	2060	5528	5859
广东	247961	130377	489		21946
广西					
海南					
重庆					
四川					
贵州					
云南	773	718			
西藏					
陕西	9212	9212			
甘肃					
青海					
宁夏					
新疆					

2-96 续表　　单位：万元

地　区	文化、体育和娱乐用房屋	厂房及建筑物	仓　库	其他未列明的房屋建筑物
全国总计	**171104**	**433069**	**6099**	**2595**
北　京				
天　津				
河　北				
山　西				
内蒙古				
辽　宁				
吉　林				
黑龙江				
上　海		37610		
江　苏		6596		
浙　江	61928	303918	6099	
安　徽				
福　建	64			
江　西	95293			
山　东				
河　南				
湖　北		3802		400
湖　南		1955		
广　东	13820	79190		2140
广　西				
海　南				
重　庆				
四　川				
贵　州				
云　南				55
西　藏				
陕　西				
甘　肃				
青　海				
宁　夏				
新　疆				

2-97 各地区港澳台商投资建筑业企业主要生产效益指标

地区	建筑业企业个数(个)	从事建筑业活动的平均人数(人)	按总产值计算的劳动生产率(元/人)	人均竣工产值(元/人)	人均施工面积(平方米/人)	人均竣工面积(平方米/人)
全国总计	**245**	**165501**	**453653**	**259660**	**289.7**	**92.8**
北京	32	11178	500158	456067	74.1	29.1
天津	5	444	733831	39628		
河北	3	486	794833	794833		
山西	2	69	759116	587580		
内蒙古						
辽宁	9	4377	938758	211737		
吉林	5	355	562594	202521		
黑龙江	1	110	300000	272727		
上海	49	14587	561154	240162	141.9	39.1
江苏	28	7466	448468	158768	28.4	8.2
浙江	15	35570	557034	425444	478.3	205.9
安徽	5	428	1565692	289886	166.3	8.5
福建	17	12217	266886	58541	56.9	7.4
江西	6	49779	266411	149935	266.2	26.3
山东	2	619	2092099	1072868	23.1	9.7
河南	2	169	265260	27752		
湖北	5	619	229066	46422	185.2	36.9
湖南	4	4630	453640	323791	456.5	177.5
广东	45	20784	520181	287144	530.2	219.2
广西						
海南						
重庆	4	313	2915086	31898	172.3	
四川	2	162	628056	19543		
贵州						
云南	1	35	220886	220886	447.3	447.3
西藏						
陕西	2	1100	388239	83746	433.0	222.7
甘肃						
青海						
宁夏						
新疆	1	4	200000	200000		

2-98 各地区港澳台商投资建筑业企业资产构成

单位：万元

地区	资产合计	#流动资产合计	#存货
全国总计	**13654258**	**10076147**	**1951963**
北京	918725	842097	93938
天津	82644	80852	4680
河北	27358	24488	6831
山西	5265	4886	794
内蒙古			
辽宁	1096404	999503	175192
吉林	89953	73651	32457
黑龙江	9346	6758	
上海	1795864	1356866	230710
江苏	627461	569538	122239
浙江	948275	770442	144648
安徽	100717	85987	28993
福建	157132	139063	5409
江西	2272754	1756723	639329
山东	103037	94484	1975
河南	186502	184967	51805
湖北	20977	14230	861
湖南	103708	94442	2964
广东	4079636	2321886	362174
广西			
海南			
重庆	921840	550757	32048
四川	39305	39156	6804
贵州			
云南	2293	341	
西藏			
陕西	64945	64918	8113
甘肃			
青海			
宁夏			
新疆	117	111	

2-99 各地区港澳台商投资建筑业企业固定资产情况

单位：万元

地区	固定资产原价	固定资产折旧	#本年折旧	在建工程
全国总计	**651898**	**331026**	**26882**	**158104**
北京	33392	20852	1742	55
天津	7573	6101	114	
河北	920	138	2	
山西	3515	3240	49	104
内蒙古				
辽宁	92954	63293	2167	10157
吉林	16259	9185	661	
黑龙江	1348	443		1300
上海	106048	40870	5116	738
江苏	69412	32675	5579	8917
浙江	76447	30999	2333	116
安徽	16055	3304	519	1620
福建	7895	5577	223	684
江西	14352	6230	1356	
山东	14628	8046		1036
河南	1313	42	7	
湖北	1120	921	108	
湖南	2426	1181	532	1910
广东	175880	92031	5997	126256
广西				
海南				
重庆	8874	4969	331	4467
四川	727	579	27	
贵州				
云南	632	256	11	744
西藏				
陕西	49	22	7	
甘肃				
青海				
宁夏				
新疆	79	74		

2-100 各地区港澳台商投资建筑业企业负债及所有者权益

单位：万元

地区	负债合计	#流动负债	#应付账款	所有者权益	#实收资本
全国总计	**8907669**	**7973812**	**3300353**	**4746589**	**1690446**
北京	740107	735186	319684	178618	130217
天津	49724	49724	33085	32921	8759
河北	19063	19062	7414	8296	4814
山西	4260	4131	2388	1005	1999
内蒙古					
辽宁	590236	574755	195708	506169	230583
吉林	59315	59309	15292	30638	4591
黑龙江	6888	6888	4671	2459	1660
上海	1195378	1062876	487356	600485	240970
江苏	413911	367374	161868	213550	92454
浙江	678140	650580	208920	270135	187482
安徽	74887	71525	17035	25830	13357
福建	99526	99480	44728	57606	39379
江西	1936037	1896436	882345	336717	129664
山东	89594	54017	7330	13443	12666
河南	175598	175508	50444	10905	3041
湖北	5553	5553	2904	15424	7713
湖南	86772	81060	44117	16936	7398
广东	1877415	1579201	721333	2202221	368349
广西					
海南					
重庆	723870	399751	79724	197970	187106
四川	27460	27460	735	11845	10686
贵州					
云南	17	17	14	2276	2000
西藏					
陕西	53813	53813	13154	11132	5500
甘肃					
青海					
宁夏					
新疆	107	107	105	10	60

2-101 各地区港澳台商投资建筑业企业收入情况

单位：万元

地区	主营业务收入	#主营业务成本	#主营业务税金及附加	其他业务收入	#其他业务利润
全国总计	**7884142**	**6911260**	**28316**	**195242**	**23168**
北京	808909	718707	2064	1792	1603
天津	40516	33795	193	140	24
河北	57550	51866	394	1	1
山西	4526	4220	17		
内蒙古					
辽宁	320495	238501	2370		
吉林	17291	16931	516	801	
黑龙江	2375	2365	2		
上海	1129971	1005447	3356	33071	18388
江苏	365731	325036	2820	3699	643
浙江	1539211	1457993	4170	28936	648
安徽	62730	49983	264		
福建	335892	318751	1565	1217	698
江西	1002711	926181	4060	97785	245
山东	94694	83051	221		
河南	4890	4030	3		
湖北	12693	11105	47		
湖南	149385	145497	580	6	
广东	1738167	1352914	4983	9106	891
广西					
海南					
重庆	98202	73812	180	18661	
四川	8646	8083	26	27	27
贵州					
云南	895	768	53		
西藏					
陕西	88585	82194	432		
甘肃					
青海					
宁夏					
新疆	78	31			

2-102 各地区港澳台商投资建筑业企业费用情况

单位：万元

地区	管理费用	销售费用	研发费用	财务费用	#利息收入	#利息支出
全国总计	**347367**	**50701**	**76432**	**110091**	**13947**	**122283**
北京	45868	7588	5371	2409	1835	3388
天津	4825	319		21	3	14
河北	2988	842		-31		
山西	196			13		13
内蒙古						
辽宁	56732	5583		9985	-1551	14358
吉林	1798	35		-1	2	2
黑龙江	28					
上海	91488	17317	16213	3811	2558	5507
江苏	17885	1598	3857	4219	2456	6229
浙江	30549	4481	23707	13951	-151	14064
安徽	3643	283		170	-17	176
福建	5598	1497		-243	-359	24
江西	12484	1	648	25253	5348	27282
山东	6189	12		3112		3112
河南	293			-4	-4	
湖北	719	131				
湖南	1582	359	228	85	2	
广东	54968	10367	26409	15615	3200	16669
广西						
海南						
重庆	8533	262		31833	375	31445
四川	212			45		
贵州						
云南	41	26				
西藏						
陕西	712			-153	249	
甘肃						
青海						
宁夏						
新疆	37					

2-103 各地区港澳台商投资建筑业企业利润及税金情况

单位：万元

地区	利润总额	#应交所得税	税金总额	主营业务税金及附加	应交增值税
全国总计	**486947**	**103520**	**168639**	**28316**	**140323**
北京	28175	7642	13984	2064	11920
天津	1264	331	818	193	624
河北	1543	279	2834	394	2439
山西	84	10	168	17	151
内蒙古					
辽宁	6504	1250	4003	2370	1634
吉林	-943	72	1272	516	756
黑龙江	-20		2	2	
上海	34546	6220	14450	3356	11094
江苏	13632	2773	11352	2820	8532
浙江	40968	5466	37049	4170	32879
安徽	8363	2061	744	264	480
福建	6725	2094	8875	1565	7310
江西	55893	14010	35267	4060	31207
山东	1939	516	466	221	245
河南	452	95	145	3	141
湖北	690	117	522	47	476
湖南	1323	331	4740	580	4160
广东	270383	58611	28982	4983	23999
广西					
海南					
重庆	9718	268	616	180	436
四川	251	15	3	26	-23
贵州					
云南	6	1	69	53	16
西藏					
陕西	5439	1360	2278	432	1845
甘肃					
青海					
宁夏					
新疆	13				

2-104 各地区港澳台商投资建筑业企业应收工程款及企业亏损情况

地　区	应收工程款(万元)	企业个数(个)	#亏损企业个数	亏损企业的比重(%)
全国总计	**3834708**	**245**	**58**	**23.7**
北　京	316328	32	11	34.4
天　津	5123	5	1	20.0
河　北	7576	3		
山　西	2821	2		
内蒙古				
辽　宁	397924	9	5	55.6
吉　林	21181	5	2	40.0
黑龙江	5216	1	1	100.0
上　海	373132	49	10	20.4
江　苏	215018	28	4	14.3
浙　江	244776	15	7	46.7
安　徽	23160	5		
福　建	50992	17	4	23.5
江　西	508692	6	2	33.3
山　东	67196	2		
河　南	153	2		
湖　北	4012	5	2	40.0
湖　南	35028	4		
广　东	1402054	45	8	17.8
广　西				
海　南				
重　庆	129801	4		
四　川	491	2	1	50.0
贵　州				
云　南	89	1		
西　藏				
陕　西	23871	2		
甘　肃				
青　海				
宁　夏				
新　疆	73	1		

2-105 各地区港澳台商投资建筑业企业主要经济效益指标

地区	产值利润率(%)	产值利税率(%)	资本利润率(%)	资本利税率(%)	人均利润(元/人)	人均利税(元/人)	资产负债率(%)
全国总计	**6.5**	**8.7**	**28.8**	**38.8**	**29423**	**39612**	**65.2**
北京	5.0	7.5	21.6	32.4	25206	37716	80.6
天津	3.9	6.4	14.4	23.8	28464	46878	60.2
河北	4.0	11.3	32.1	90.9	31749	90058	69.7
山西	1.6	4.8	4.2	12.6	12174	36565	80.9
内蒙古							
辽宁	1.6	2.6	2.8	4.6	14860	24007	53.8
吉林	-4.7	1.6	-20.5	7.2	-26561	9282	65.9
黑龙江	-0.6	-0.5	-1.2	-1.0	-1782	-1564	73.7
上海	4.2	6.0	14.3	20.3	23683	33588	66.6
江苏	4.1	7.5	14.7	27.0	18258	33463	66.0
浙江	2.1	3.9	21.9	41.6	11518	21933	71.5
安徽	12.5	13.6	62.6	68.2	195395	212769	74.4
福建	2.1	4.8	17.1	39.6	5504	12768	63.3
江西	4.2	6.9	43.1	70.3	11228	18313	85.2
山东	1.5	1.9	15.3	19.0	31320	38850	87.0
河南	10.1	13.3	14.9	19.6	26722	35272	94.2
湖北	4.9	8.6	8.9	15.7	11150	19588	26.5
湖南	0.6	2.9	17.9	82.0	2857	13095	83.7
广东	25.0	27.7	73.4	81.3	130092	144037	46.0
广西							
海南							
重庆	10.7	11.3	5.2	5.5	310476	330141	78.5
四川	2.5	2.5	2.3	2.4	15463	15667	69.9
贵州							
云南	0.8	9.7	0.3	3.7	1686	21400	0.8
西藏							
陕西	12.7	18.1	98.9	140.3	49447	70153	82.9
甘肃							
青海							
宁夏							
新疆	15.6	16.0	20.8	21.3	31250	32000	91.4

三、中央和地方建筑业企业

3-1 各地区中央建筑业企业签订合同情况

单位：万元

地区	签订合同额	上年结转合同额	本年新签合同额
全国总计	**1763945852**	**969345656**	**794600196**
北京	282661244	165770721	116890523
天津	96959862	54626438	42333424
河北	45771917	25380367	20391551
山西	49455015	25000990	24454025
内蒙古	10800541	4462404	6338137
辽宁	31453385	15098618	16354767
吉林	5525851	2984625	2541227
黑龙江	4745637	3010670	1734967
上海	125050285	66056370	58993915
江苏	47861341	27860077	20001264
浙江	9132872	4991056	4141816
安徽	52234582	26954078	25280504
福建	38940650	24112360	14828291
江西	14539020	8463538	6075482
山东	70508012	31810170	38697842
河南	94303696	46926252	47377443
湖北	230634922	131837301	98797621
湖南	94755797	55751487	39004310
广东	171052451	96897087	74155364
广西	13245779	9007016	4238763
海南	244144	3748	240396
重庆	39358430	24216575	15141855
四川	53529286	22020440	31508846
贵州	28402777	14409270	13993507
云南	33091278	16909358	16181920
西藏	432702	150167	282536
陕西	88751738	50493569	38258169
甘肃	10390421	5120524	5269897
青海	6549215	4079781	2469434
宁夏	1158775	405276	753498
新疆	12404227	4535324	7868903

3-2 各地区中央建筑业企业承包工程完成情况

单位：万元

地区	直接从建设单位承揽工程完成的产值	自行完成施工产值	分包出去工程的产值	从建设单位以外承揽工程完成的产值
全国总计	**478586316**	**440356737**	**38229579**	**33660816**
北京	78912739	60487132	18425607	13968775
天津	24134983	22239096	1895887	1544021
河北	12074160	11570897	503262	1251617
山西	13777111	13704904	72207	136093
内蒙古	1430992	1430992		77114
辽宁	9771233	9308101	463132	847782
吉林	1448936	1424844	24091	272561
黑龙江	1471120	1322855	148265	
上海	30585000	29739275	845725	780288
江苏	14563918	14073630	490288	732027
浙江	2440535	1787070	653465	894207
安徽	15599269	15150786	448483	258622
福建	10271002	10187031	83971	589209
江西	5475645	5463181	12464	
山东	25395996	25096700	299296	321515
河南	23524597	23468353	56244	1133318
湖北	63887981	63720549	167431	502718
湖南	22291817	22066292	225525	909105
广东	43678307	37716163	5962144	2421738
广西	5482616	3838246	1644370	323981
海南	32457	32457		
重庆	10516255	10366791	149464	267220
四川	9285227	9118108	167119	1735909
贵州	9090374	9090374		168472
云南	6339543	6334733	4810	4787
西藏	151482	151482		
陕西	26381488	22328335	4053153	4040551
甘肃	3085181	1698164	1387017	
青海	1608435	1569506	38929	435905
宁夏	645713	645713		
新疆	5232207	5224976	7230	43281

3-3 各地区中央企业建筑业总产值和竣工产值

单位：万元

地区	建筑业总产值	#装饰装修产值	#在外省完成的产值	按构成分组			竣工产值
				建筑工程产值	安装工程产值	其他产值	
全国总计	**474017552**	**6357679**	**324418237**	**427628808**	**36683720**	**9705024**	**149841999**
北京	74455907	2255527	65925016	71117358	2598138	740411	25284402
天津	23783117	12310	20114837	21935216	1337825	510076	8777468
河北	12822514	243855	8814514	9611984	2779842	430688	3952815
山西	13840997	104797	10680797	12700451	1011930	128616	2495697
内蒙古	1508106	65311	1164915	1456576	51529		190356
辽宁	10155883	113190	6713342	8938910	1085832	131141	1932605
吉林	1697405		935100	1140889	512188	44328	540727
黑龙江	1322855	1109	368708	529114	792310	1431	797124
上海	30519564	666102	25967465	27380410	2649760	489393	12817582
江苏	14805656	4288	9310418	11653595	2556775	595286	6144826
浙江	2681278	2325	1472837	2298669	368973	13636	991427
安徽	15409408	7601	10721689	14274246	968811	166351	3326914
福建	10776239	98214	3254856	10163770	603352	9118	2852740
江西	5463181		4088514	4406601	830631	225950	1204632
山东	25418214	323139	13429655	22219452	2742025	456737	8017904
河南	24601671	470120	15098259	22081114	2110835	409722	7737669
湖北	64223267	321863	48796327	58232665	3818046	2172556	23343580
湖南	22975396	523900	17249440	20881486	1547096	546814	8875136
广东	40137902	616824	14537483	37745276	1455006	937619	9084632
广西	4162228	68735	2672911	3280824	671062	210341	1540239
海南	32457			4205	28252		28252
重庆	10634011	46633	6477843	10057325	478774	97912	3035685
四川	10854017	231174	4901677	8418165	1857793	578059	4592320
贵州	9258846	3129	5673576	7599494	1594398	64953	1540286
云南	6339520	8100	2942838	6276095	29499	33926	519953
西藏	151482	60		122401	29067	13	29654
陕西	26368886	128913	19226225	25110870	832627	425389	6519604
甘肃	1698164	26285	876040	1182121	426787	89256	513252
青海	2005412		1606961	1569799	287211	148401	1184311
宁夏	645713		269927	463167	168619	13927	109829
新疆	5268257	14176	1126070	4776561	458723	32973	1860379

3-4 各地区中央建筑业企业房屋建筑面积

地　区	房屋施工面积(万平方米)	#本年新开工	房屋竣工面积(万平方米)	房屋竣工率(%)
全国总计	**256961**	**66873**	**34339**	**13.4**
北　京	61068	16660	7217	11.8
天　津	8913	2629	1007	11.3
河　北	2864	1124	190	6.6
山　西	3194	1168	340	10.6
内蒙古	1593	731	120	7.5
辽　宁	4319	1641	182	4.2
吉　林	67	28	29	42.7
黑龙江	71	47	3	3.7
上　海	20889	4969	3207	15.4
江　苏	6460	1381	594	9.2
浙　江	217	173	27	12.3
安　徽	7851	1716	749	9.5
福　建	6050	857	263	4.3
江　西	429	173	100	23.4
山　东	9578	3204	1551	16.2
河　南	15882	3276	1573	9.9
湖　北	39871	9097	7386	18.5
湖　南	19708	5665	3065	15.6
广　东	23714	5852	4286	18.1
广　西	379	147	93	24.4
海　南				
重　庆	3229	1134	451	14.0
四　川	4391	1494	405	9.2
贵　州	2742	1037	427	15.6
云　南	559	97	4	0.8
西　藏	3		2	85.7
陕　西	9857	1372	470	4.8
甘　肃	359	150	54	15.1
青　海	117	60	46	39.3
宁　夏	101	70	9	9.1
新　疆	2488	924	491	19.7

3-5 各地区按主要用途分的中央建筑业企业房屋竣工面积

单位：万平方米

地 区	总计	住宅房屋	商业及服务用房屋	办公用房 屋	科研、教育和医疗用房屋
全国总计	**34339**	**20810**	**5658**	**1897**	**1293**
北 京	7217	4370	1234	306	186
天 津	1007	712	71	28	36
河 北	190	84	21	7	23
山 西	340	204	24	12	15
内 蒙 古	120	38	6	4	
辽 宁	182	118	1	2	5
吉 林	29	13			
黑 龙 江	3				
上 海	3207	741	1539	213	157
江 苏	594	383	1	31	26
浙 江	27	11	11		
安 徽	749	490	18	36	69
福 建	263	203		29	
江 西	100	52	5	1	1
山 东	1551	854	115	397	80
河 南	1573	861	531	67	48
湖 北	7386	3880	1662	416	313
湖 南	3065	2304	175	261	90
广 东	4286	3781	141	26	107
广 西	93	58		1	2
海 南					
重 庆	451	292	42	1	67
四 川	405	295	4	13	15
贵 州	427	333	38	15	23
云 南	4	3			
西 藏	2	2			
陕 西	470	343		5	
甘 肃	54	52		1	
青 海	46	6			12
宁 夏	9			3	
新 疆	491	329	21	24	19

3-5 续表

单位：万平方米

地　　区	文化、体育和娱乐用房屋	厂房及建筑物	仓　库	其他未列明的房屋建筑物
全国总计	**728**	**2589**	**217**	**1147**
北　京	383	620	9	110
天　津	44	85	2	29
河　北		43	1	11
山　西	7	57		21
内蒙古		42		31
辽　宁	5	38		12
吉　林		15		
黑龙江				3
上　海	84	304	4	165
江　苏	11	139		6
浙　江		4		
安　徽	14	84	1	38
福　建	1	19		12
江　西		41		
山　东	31	73		1
河　南	7	56	3	
湖　北	89	400	154	472
湖　南	19	132	27	57
广　东	12	177	14	28
广　西		2		31
海　南				
重　庆	4	44	1	1
四　川	14	62		1
贵　州	2	1		15
云　南		1		
西　藏				
陕　西		68		54
甘　肃	1			1
青　海		29		
宁　夏		6		
新　疆	2	45	1	50

3−6 各地区按主要用途分的中央建筑业企业房屋竣工价值

单位：万元

地区	总计	住宅房屋	商业及服务用房屋	办公用房屋	科研、教育和医疗用房屋
全国总计	**72233097**	**37245404**	**14214466**	**5912531**	**3796709**
北京	16416938	8227952	3000016	1070254	594227
天津	2052614	1411212	102808	118401	102568
河北	356408	164585	49859	6059	27652
山西	852010	348468	51873	22565	31784
内蒙古	174664	37566	6481	3804	
辽宁	336749	186404	3912	5810	9700
吉林	46503	23822			
黑龙江	7888				
上海	8402686	1374144	4270451	795154	464178
江苏	1211235	743660	1500	43981	70221
浙江	35339	27165	150		
安徽	1355420	826711	23623	73700	140283
福建	640562	372149		160691	
江西	182388	103526	22870	1243	3202
山东	4803036	2056509	416321	1775058	330107
河南	5722641	3181606	1792268	282413	171190
湖北	11873386	5291083	3578541	670961	914379
湖南	6047261	3920976	473663	675357	246286
广东	6874852	5940288	233720	63689	351824
广西	220443	122602		5282	4800
海南					
重庆	1002253	628493	82926	4446	147272
四川	783271	455134	7364	31302	40320
贵州	376733	227600	59691	18994	46290
云南	12915	10180	311	808	
西藏	5005	4765	32	69	
陕西	1145904	680037		11974	
甘肃	135836	117793		9998	
青海	105669	10173			41300
宁夏	24161			5952	
新疆	1028327	750801	36088	54565	59128

3-6 续表

单位：万元

地　区	文化、体育和娱乐用房屋	厂房及建筑物	仓　库	其他未列明的房屋建筑物
全国总计	**2207948**	**5755562**	**191645**	**2908831**
北　京	1018494	2070887	21048	414060
天　津	46955	141275	3981	125414
河　北		67294	1332	39627
山　西	48829	184042	602	163848
内蒙古		47920		78892
辽　宁	33847	74612		22465
吉　林		22681		
黑龙江				7888
上　海	442595	860733	8797	186634
江　苏	12074	293036		46763
浙　江		8024		
安　徽	34581	153142	3970	99411
福　建	942	45921		60860
江　西		50791		756
山　东	61193	163235		613
河　南	77465	215130	2570	
湖　北	238343	373587	55769	750724
湖　南	86448	254692	71211	318628
广　东	13820	138182	17924	115405
广　西	1457	5104		81198
海　南				
重　庆	22308	110660	2776	3372
四　川	52695	194735		1723
贵　州	3797	519		19843
云　南		859		757
西　藏		70		70
陕　西		125572		328321
甘　肃	5737	1134		1174
青　海		53642		554
宁　夏		18209		
新　疆	6371	79876	1665	39833

3-7 各地区中央建筑业企业主要生产效益指标

地 区	建筑业企业个数（个）	从事建筑业活动的平均人数（人）	按总产值计算的劳动生产率（元/人）	人均竣工产值（元/人）	人均施工面积（平方米/人）	人均竣工面积（平方米/人）
全国总计	**1268**	**6524734**	**726493**	**229652**	**393.8**	**52.6**
北 京	156	1141940	652012	221416	534.8	63.2
天 津	61	334200	711643	262641	266.7	30.1
河 北	44	98226	1305409	402421	291.5	19.3
山 西	54	311034	445000	80239	102.7	10.9
内蒙古	7	8910	1692599	213643	1788.0	134.5
辽 宁	81	119870	847241	161225	360.3	15.1
吉 林	21	20006	848448	270282	33.4	14.3
黑龙江	16	37483	352921	212663	19.0	0.7
上 海	56	270200	1129518	474374	773.1	118.7
江 苏	46	130733	1132511	470029	494.1	45.5
浙 江	22	38534	695821	257286	56.2	6.9
安 徽	31	107845	1428848	308490	728.0	69.5
福 建	28	489186	220289	58316	123.7	5.4
江 西	26	35568	1535982	338684	120.6	28.2
山 东	58	290735	874274	275781	329.4	53.3
河 南	63	358303	686616	215953	443.3	43.9
湖 北	62	394960	1626070	591037	1009.5	187.0
湖 南	40	393422	583989	225588	500.9	77.9
广 东	84	625783	641403	145172	378.9	68.5
广 西	22	51660	805696	298149	73.4	17.9
海 南	2	224	1448978	1261268		
重 庆	32	128345	828549	236525	251.6	35.2
四 川	38	174026	623701	263887	252.3	23.3
贵 州	21	167826	551693	91779	163.4	25.4
云 南	21	120050	528073	43311	46.5	0.4
西 藏	7	6762	224019	43854	3.6	3.1
陕 西	75	464405	567799	140386	212.3	10.1
甘 肃	19	23401	725680	219329	153.5	23.2
青 海	9	21282	942304	556485	55.1	21.7
宁 夏	6	15916	405701	69005	63.3	5.7
新 疆	60	143899	366108	129284	172.9	34.1

3-8 各地区中央建筑业企业资产构成

单位：万元

地 区	资产合计	#流动资产合计	#存货
全国总计	**720394126**	**494220494**	**49809152**
北 京	210401813	114363896	4845462
天 津	44628261	32240689	2035821
河 北	15929102	13468844	2731151
山 西	24237845	19832873	2228104
内 蒙 古	1672642	1340591	122400
辽 宁	12962238	11020991	1579283
吉 林	1790386	1440433	288667
黑 龙 江	2913802	2681959	613531
上 海	45022037	32972121	3684312
江 苏	14683324	12193541	1991640
浙 江	3820393	3049491	327743
安 徽	15460910	11807395	498284
福 建	7914093	6190313	473744
江 西	4665278	4288435	627881
山 东	26339698	21002982	2435659
河 南	24790183	19017901	2073744
湖 北	80151149	58354314	12203951
湖 南	25220909	17663797	2085786
广 东	58223268	37124088	2087340
广 西	6403045	4185548	419881
海 南	344402	342911	
重 庆	9611889	7732457	791667
四 川	11646855	8957855	1862204
贵 州	11269311	9212398	457041
云 南	10207847	4887406	493546
西 藏	809680	555404	1384
陕 西	32320027	25008831	1845062
甘 肃	4889092	4021203	96593
青 海	3232023	2073707	439986
宁 夏	610362	540269	118992
新 疆	8222264	6647854	348294

3-9 各地区中央建筑业企业固定资产情况

单位：万元

地 区	固定资产原价	固定资产折旧	#本年折旧	在建工程
全国总计	**48389704**	**26861598**	**3729178**	**5244948**
北 京	4719721	2582073	436420	290071
天 津	4244028	2281157	261905	198157
河 北	2619340	1703382	120444	53604
山 西	1871918	1195913	235175	37905
内蒙古	192671	108834	11505	52080
辽 宁	1571991	1017146	105148	22135
吉 林	251753	178647	15810	8212
黑龙江	578873	383516	25070	7938
上 海	3258788	1749895	171415	108034
江 苏	1553684	870937	119972	116269
浙 江	478316	252673	27746	10656
安 徽	1173062	602175	84389	38517
福 建	551218	292270	41800	30184
江 西	346763	206073	32698	2368
山 东	2252473	1375267	177754	101534
河 南	2039380	1165900	174109	145640
湖 北	7189109	3546131	572861	2865878
湖 南	1562652	681891	200254	88191
广 东	2637982	1411846	181163	308075
广 西	620476	385303	27138	25875
海 南	923	606	7	
重 庆	1323286	739341	102606	83989
四 川	1067114	582395	50015	31305
贵 州	502729	270580	32727	149878
云 南	713744	364045	47267	216907
西 藏	25026	12145	958	832
陕 西	3378792	2122177	402750	114329
甘 肃	222955	141299	13670	2036
青 海	519815	257784	15603	9382
宁 夏	104500	53227	4115	9219
新 疆	816622	326972	36687	115750

3-10 各地区中央建筑业企业负债及所有者权益

单位：万元

地区	负债合计	#流动负债	#应付账款	所有者权益	#实收资本
全国总计	**541236876**	**491413406**	**213883328**	**179157250**	**75494971**
北京	132856737	118658225	41600039	77545076	23170142
天津	35160872	33321307	14619853	9467390	5110776
河北	13019188	12232239	5091184	2909914	2019760
山西	20148268	19758252	8496691	4089577	2399325
内蒙古	1428930	1358759	484965	243712	185251
辽宁	10859721	10483361	4135895	2102517	1630957
吉林	1435344	1330811	672896	355042	311590
黑龙江	2832796	2799745	1202698	81005	463909
上海	35113466	33656156	16236586	9908572	4778007
江苏	11957768	11278816	5265043	2725556	1299561
浙江	2889508	2746961	1385364	930886	525573
安徽	12624433	12200759	5759666	2836476	1660336
福建	6492255	6160433	3412373	1421838	807077
江西	4162369	3912814	1736342	502908	401316
山东	21924546	20011587	9419525	4415153	2535274
河南	19399620	18073662	9250371	5390563	2348530
湖北	61748003	53404322	24230008	18403147	5644933
湖南	20163396	17480588	9169562	5057513	2334163
广东	46369750	39430240	17779575	11853518	6214368
广西	4846553	4322376	1652311	1556493	949938
海南	37824	37384	20079	306578	310855
重庆	7907556	7466334	3655388	1704334	1068958
四川	9317561	8421930	4462371	2329293	1795968
贵州	9196054	8471627	4187862	2073257	1508932
云南	8038016	5934255	2150169	2169832	686252
西藏	666038	303074	103034	143642	107503
陕西	26913627	25499006	11951763	5406400	3217319
甘肃	4055182	3928355	1965438	833910	594602
青海	2415655	2218165	943096	816368	262269
宁夏	487946	477159	242940	122417	82754
新疆	6767899	6034706	2600242	1454366	1068774

3-11 各地区中央建筑业企业收入情况

单位：万元

地 区	主营业务收入	#主营业务成本	#主营业务税金及附加	其他业务收入	#其他业务利润
全国总计	**515019036**	**480737044**	**1216613**	**3658519**	**602100**
北 京	97026576	90972201	179782	489148	172151
天 津	26362246	24472580	45251	126829	25218
河 北	12840380	11742646	49039	66866	18947
山 西	15084615	14182296	37035	71152	28281
内蒙古	1612254	1504530	5189	4247	1682
辽 宁	9525384	8814338	24321	46295	7692
吉 林	1661700	1537497	4680	19933	4670
黑龙江	1699217	1632359	2425	11704	-2425
上 海	37887745	35250923	81232	149934	61070
江 苏	15047068	14032485	37832	133360	17750
浙 江	3406395	3181179	7014	29810	11679
安 徽	15994213	15018325	33986	133437	21463
福 建	9154435	8625023	19743	49252	14800
江 西	4827220	4535437	13939	30409	5491
山 东	27467651	25935130	55224	131709	25108
河 南	23424063	21823757	52115	404894	6417
湖 北	69184268	63836429	257535	383365	47681
湖 南	21991370	20605018	70822	35468	4972
广 东	39906915	36946404	71659	563008	67668
广 西	4257617	4002120	10311	27226	9829
海 南	28252	30345	173	16378	
重 庆	8856577	8305076	16673	29462	2181
四 川	11951332	10961744	24967	68216	9343
贵 州	8266638	7779946	8480	160633	889
云 南	5766361	5280560	11883	15918	6125
西 藏	420637	408839	549		
陕 西	29719494	28304361	63477	216823	14748
甘 肃	2950096	2825010	5631	11300	3164
青 海	2432633	2232711	8941	24355	3800
宁 夏	680489	641135	2641	2197	1201
新 疆	5585197	5316636	14066	205192	10508

3-12 各地区中央建筑业企业费用情况

单位：万元

地区	管理费用	销售费用	研发费用	财务费用	#利息收入	#利息支出
全国总计	**11484074**	**678301**	**9885699**	**3088844**	**3102244**	**4734323**
北京	1859587	79370	1687969	874681	1564280	1485243
天津	509699	39776	726276	198276	193006	338317
河北	472652	37757	238860	88565	31000	116480
山西	355734	5549	466018	37615	67305	88028
内蒙古	37024	287	11524	24979	1872	23683
辽宁	295926	4330	196905	96254	20362	91526
吉林	64303	1044	29507	9821	1751	9149
黑龙江	69350	5282	6624	4767	273	5986
上海	735208	86346	745510	122843	183471	252495
江苏	309298	10394	239581	79383	36203	77788
浙江	119488	4943	66557	5434	10368	12121
安徽	272281	6831	450319	3561	42599	23175
福建	167473	3468	167918	52507	9446	40430
江西	92909	3975	81076	21721	10753	23650
山东	483493	33707	304288	133827	71503	160009
河南	601421	18981	281908	75422	57874	115915
湖北	1808959	204246	1424887	328333	198643	492851
湖南	552560	8176	483936	116432	85738	170684
广东	673174	25482	896818	316607	172514	441998
广西	169701	4275	57086	96674	7397	99717
海南	3034	58		388	59	424
重庆	161213	16055	205925	25616	19351	54440
四川	451170	23145	326423	50523	57989	85530
贵州	168698	2090	109866	48495	55963	88230
云南	107015	2337	123123	72059	18067	93535
西藏	6006		2840	5704	2656	8136
陕西	614876	38308	404140	105690	128683	210688
甘肃	45117	9148	30408	5247	30315	32663
青海	89394	321	66201	14158	4056	17714
宁夏	20614	787	721	3932	123	3630
新疆	166696	1835	52486	69331	18627	70090

3-13 各地区中央建筑业企业利润及税金情况

单位：万元

地区	利润总额	#应交所得税	税金总额	主营业务税金及附加	应交增值税
全国总计	**17088607**	**1937592**	**7142510**	**1216613**	**5925897**
北京	7097604	365477	1253235	179782	1073453
天津	475135	63290	225926	45251	180675
河北	282584	62303	236212	49039	187173
山西	316828	22646	156757	37035	119721
内蒙古	18781	1282	15574	5189	10385
辽宁	99958	7744	179877	24321	155556
吉林	26331	4536	25227	4680	20547
黑龙江	-49435	6661	15113	2425	12689
上海	1016082	113942	284607	81232	203375
江苏	375241	57106	233893	37832	196061
浙江	77132	15095	50364	7014	43349
安徽	361785	53533	167266	33986	133280
福建	185625	36922	132760	19743	113017
江西	68687	14880	57477	13939	43539
山东	716084	72554	516440	55224	461215
河南	540220	91828	292946	52115	240831
湖北	2267462	431187	1479821	257535	1222287
湖南	606559	54662	360435	70822	289613
广东	1125293	239328	428061	71659	356402
广西	60674	12594	38375	10311	28064
海南	-119	-20	1260	173	1087
重庆	166625	22534	105536	16673	88863
四川	283138	38557	226981	24967	202015
贵州	120018	11672	65543	8480	57063
云南	199519	32023	65165	11883	53283
西藏	3057	176	4225	549	3676
陕西	561995	70069	336404	63477	272927
甘肃	7371	1006	34350	5631	28719
青海	24859	12646	23401	8941	14460
宁夏	10061	2043	14472	2641	11831
新疆	43453	19317	114809	14066	100743

3-14 各地区中央建筑业企业应收工程款及企业亏损情况

地区	应收工程款(万元)	企业个数(个)	#亏损企业个数	亏损企业的比重(%)
全国总计	**115502198**	**1268**	**135**	**10.6**
北京	21136021	156	14	9.0
天津	7636254	61	13	21.3
河北	3111015	44	3	6.8
山西	5276435	54	6	11.1
内蒙古	351054	7		
辽宁	2896087	81	15	18.5
吉林	533276	21	2	9.5
黑龙江	1387948	16	4	25.0
上海	7422026	56	5	8.9
江苏	3482683	46		
浙江	725074	22		
安徽	3001346	31	4	12.9
福建	971480	28	3	10.7
江西	1274592	26	3	11.5
山东	4484764	58	5	8.6
河南	4298924	63	5	7.9
湖北	12237628	62	3	4.8
湖南	4852483	40		
广东	9379582	84	6	7.1
广西	1009566	22	5	22.7
海南		2	1	50.0
重庆	2449656	32	2	6.3
四川	1743049	38	2	5.3
贵州	2430659	21	5	23.8
云南	1337047	21	2	9.5
西藏	371816	7	1	14.3
陕西	7592595	75	2	2.7
甘肃	870505	19	2	10.5
青海	439616	9	1	11.1
宁夏	248675	6	1	16.7
新疆	2550342	60	20	33.3

3-15 各地区中央建筑业企业主要经济效益指标

地区	产值利润率 (%)	产值利税率 (%)	资本利润率 (%)	资本利税率 (%)	人均利润 (元/人)	人均利税 (元/人)	资产负债率 (%)
全国总计	**3.6**	**5.1**	**22.6**	**32.1**	**26191**	**37137**	**75.1**
北京	9.5	11.2	30.6	36.0	62154	73129	63.1
天津	2.0	2.9	9.3	13.7	14217	20977	78.8
河北	2.2	4.0	14.0	25.7	28769	52817	81.7
山西	2.3	3.4	13.2	19.7	10186	15226	83.1
内蒙古	1.2	2.3	10.1	18.5	21078	38558	85.4
辽宁	1.0	2.8	6.1	17.2	8339	23345	83.8
吉林	1.6	3.0	8.5	16.5	13162	25771	80.2
黑龙江	-3.7	-2.6	-10.7	-7.4	-13189	-9157	97.2
上海	3.3	4.3	21.3	27.2	37605	48138	78.0
江苏	2.5	4.1	28.9	46.9	28703	46594	81.4
浙江	2.9	4.8	14.7	24.3	20017	33087	75.6
安徽	2.3	3.4	21.8	31.9	33547	49057	81.7
福建	1.7	3.0	23.0	39.4	3795	6509	82.0
江西	1.3	2.3	17.1	31.4	19311	35471	89.2
山东	2.8	4.8	28.2	48.6	24630	42393	83.2
河南	2.2	3.4	23.0	35.5	15077	23253	78.3
湖北	3.5	5.8	40.2	66.4	57410	94878	77.0
湖南	2.6	4.2	26.0	41.4	15418	24579	79.9
广东	2.8	3.9	18.1	25.0	17982	24823	79.6
广西	1.5	2.4	6.4	10.4	11745	19173	75.7
海南	-0.4	3.5		0.4	-5290	50969	11.0
重庆	1.6	2.6	15.6	25.5	12983	21205	82.3
四川	2.6	4.7	15.8	28.4	16270	29313	80.0
贵州	1.3	2.0	8.0	12.3	7151	11057	81.6
云南	3.1	4.2	29.1	38.6	16620	22048	78.7
西藏	2.0	4.8	2.8	6.8	4520	10768	82.3
陕西	2.1	3.4	17.5	27.9	12101	19345	83.3
甘肃	0.4	2.5	1.2	7.0	3150	17829	82.9
青海	1.2	2.4	9.5	18.4	11681	22676	74.7
宁夏	1.6	3.8	12.2	29.6	6322	15414	79.9
新疆	0.8	3.0	4.1	14.8	3020	10998	82.3

3-16 各地区地方建筑业企业签订合同情况

单位：万元

地 区	签订合同额	上年结转合同额	本年新签合同额
全国总计	**3686401883**	**1588679316**	**2097722568**
北 京	116036333	60451644	55584689
天 津	33720689	15528019	18192670
河 北	86422514	37236789	49185725
山 西	55111445	16651068	38460377
内蒙古	18699856	8406260	10293596
辽 宁	41313507	15250672	26062835
吉 林	33403916	14154108	19249808
黑龙江	20652069	8618591	12033478
上 海	139252121	72940611	66311511
江 苏	492315756	214455311	277860445
浙 江	411342898	191076829	220266070
安 徽	114980685	51143315	63837370
福 建	208808157	83029178	125778979
江 西	118444968	47915657	70529311
山 东	200910566	74901420	126009146
河 南	148892837	51523446	97369391
湖 北	166525023	63181025	103343998
湖 南	151961942	65081923	86880019
广 东	292717734	145280912	147436822
广 西	94962385	38177120	56785265
海 南	9007216	4785573	4221643
重 庆	108049595	40359920	67689675
四 川	270229621	123060326	147169295
贵 州	71945928	36269393	35676535
云 南	98859220	39262808	59596412
西 藏	4498130	2263660	2234470
陕 西	90981817	32264177	58717639
甘 肃	34877662	12112568	22765093
青 海	6025274	2634819	3390454
宁 夏	8215090	2794875	5420215
新 疆	37236930	17867298	19369632

3-17 各地区地方建筑业企业承包工程完成情况

单位：万元

地区	直接从建设单位承揽工程完成的产值	自行完成施工产值	分包出去工程的产值	从建设单位以外承揽工程完成的产值
全国总计	**1970205421**	**1921483390**	**48722031**	**88931766**
北京	44228549	40966150	3262399	4571554
天津	16148053	15448406	699647	1733437
河北	45450955	44895619	555336	761517
山西	31891849	31715165	176684	976629
内蒙古	9318795	9264874	53921	87612
辽宁	25117851	24891772	226079	496804
吉林	16664746	16622106	42640	311522
黑龙江	10447615	10404920	42694	85700
上海	50674461	39426003	11248458	8179109
江苏	295795076	294722587	1072490	21463569
浙江	196539980	192703154	3836827	8517602
安徽	68100583	67461375	639208	2161800
福建	118593770	118314905	278865	2553042
江西	71476486	70493229	983257	3491560
山东	115810405	114980129	830276	2294512
河南	100575118	99384507	1190611	3030617
湖北	104661002	103103567	1557435	2469822
湖南	83467843	82707292	760551	2323504
广东	130599021	119539356	11059665	6656868
广西	49063430	48630733	432697	1280104
海南	3624027	3612268	11759	15075
重庆	70957239	69317801	1639438	2277780
四川	133295827	128160753	5135074	7666739
贵州	27576279	27303481	272798	586565
云南	53844002	52767660	1076342	2113719
西藏	2046160	2000644	45516	50941
陕西	51149204	50251794	897411	2218206
甘肃	17566615	17259235	307380	206135
青海	2605632	2570831	34801	30998
宁夏	5433704	5254900	178803	113464
新疆	17481145	17308176	172969	205258

3-18 各地区地方企业建筑业总产值和竣工产值

单位：万元

地　区	建筑业总产值	#装饰装修产值	#在外省完成的产值	按构成分组			竣工产值
				建筑工程产值	安装工程产值	其他产值	
全国总计	**2010415155**	**117210588**	**509885834**	**1758977743**	**176854440**	**74582973**	**1088479555**
北　京	45537704	8389586	20113241	42818227	2331361	388116	26914549
天　津	17181843	659127	3830227	14121183	2554145	506515	9816840
河　北	45657137	1930956	11315925	37970860	5218919	2467358	21031324
山　西	32691794	1160999	5412335	27733101	3625510	1333183	14257543
内蒙古	9352486	156510	707765	7909588	621032	821866	4040144
辽　宁	25388576	2616648	3793021	19776724	4410963	1200890	13879451
吉　林	16933628	524919	2431506	14019130	1789067	1125430	10520109
黑龙江	10490620	344690	1731043	8574721	1348488	567412	5822877
上　海	47605113	7225579	18935880	38747966	7205406	1651741	28644606
江　苏	316186155	19130160	144331707	296336281	17073623	2776251	238414401
浙　江	201220755	14258421	71505205	178065610	17650502	5504643	111161716
安　徽	69623176	2065217	10023875	57762118	5788120	6072938	32444685
福　建	120867947	4090179	54459724	111700019	7997043	1170885	56682045
江　西	73984789	3298422	22441899	64402747	4757676	4824366	41962035
山　东	117274640	8529906	15193558	97579951	16701726	2992964	54730251
河　南	102415124	3902689	12349333	88021700	9980268	4413156	66300179
湖　北	105573389	5383582	15229984	92955673	9361022	3256694	57236768
湖　南	85030796	3462784	17803022	71867072	7179333	5984392	46336190
广　东	126196225	16178862	22773415	105397642	15926444	4872138	55782296
广　西	49910838	1378900	5843893	43005038	3770633	3135166	25083480
海　南	3627343	213144	67171	3092452	365954	168937	1709244
重　庆	71595581	2616451	8227093	64170542	4804237	2620802	34563868
四　川	135827492	4701868	24469074	116532064	12020929	7274498	56898277
贵　州	27890046	480862	3305777	24365068	1650047	1874931	12204160
云　南	54881379	1252399	2332376	49634024	3430149	1817207	22567050
西　藏	2051584	7245	75002	1944278	59592	47715	950596
陕　西	52469999	2476407	6167395	43995011	5823879	2651110	18475903
甘　肃	17465370	328670	2098047	14967402	1677206	820762	7247185
青　海	2601829	43564	251158	2291291	269958	40580	1214866
宁　夏	5368364	94125	376832	4922167	339984	106213	2888828
新　疆	17513434	307720	2289353	14298092	1121225	2094117	8698092

3-19 各地区地方建筑业企业房屋建筑面积

地区	房屋施工面积(万平方米)	#本年新开工	房屋竣工面积(万平方米)	房屋竣工率(%)
全国总计	**1184544**	**448153**	**367996**	**31.1**
北京	19489	5988	3715	19.1
天津	6704	1947	1365	20.4
河北	32131	11348	8750	27.2
山西	13796	4705	3497	25.3
内蒙古	4192	2029	1340	32.0
辽宁	10994	4267	4154	37.8
吉林	7921	3535	2907	36.7
黑龙江	3359	1614	1299	38.7
上海	30030	8793	6025	20.1
江苏	248697	84514	77229	31.1
浙江	182502	57414	43519	23.8
安徽	40761	15635	14957	36.7
福建	70556	23015	17548	24.9
江西	33468	16118	14770	44.1
山东	74109	31119	20375	27.5
河南	48374	22594	19164	39.6
湖北	52171	28962	26522	50.8
湖南	45539	20772	17977	39.5
广东	60679	20618	17888	29.5
广西	29109	10481	8593	29.5
海南	2310	683	485	21.0
重庆	33329	13999	13167	39.5
四川	57352	27412	19936	34.8
贵州	13188	4629	3704	28.1
云南	19208	8897	6801	35.4
西藏	346	175	241	69.6
陕西	25420	8709	6300	24.8
甘肃	10331	4085	2633	25.5
青海	787	295	350	44.5
宁夏	2151	1054	670	31.1
新疆	5543	2748	2119	38.2

3-20 各地区按主要用途分的地方建筑业企业房屋竣工面积

单位：万平方米

地 区	总计	住宅房屋	商业及服务用房屋	办公用房 屋	科研、教育和医疗用房屋
全国总计	**367996**	**250206**	**22949**	**17291**	**16760**
北 京	3715	2149	377	378	256
天 津	1365	692	82	67	116
河 北	8750	6242	493	286	457
山 西	3497	2457	273	141	215
内蒙古	1340	1045	49	54	66
辽 宁	4154	2924	238	119	117
吉 林	2907	2107	145	128	66
黑龙江	1299	999	33	37	43
上 海	6025	3460	567	499	258
江 苏	77229	57207	2575	2912	2262
浙 江	43519	24737	3396	2216	1373
安 徽	14957	10676	672	568	493
福 建	17548	11550	1355	1018	527
江 西	14770	9417	1228	887	695
山 东	20375	14318	1137	873	1301
河 南	19164	13356	1065	1094	1234
湖 北	26522	18256	1986	1334	1288
湖 南	17977	12330	1478	894	1158
广 东	17888	12237	784	737	691
广 西	8593	5279	563	577	948
海 南	485	271	79	20	39
重 庆	13167	9600	894	559	434
四 川	19936	14477	1620	619	750
贵 州	3704	2386	283	150	391
云 南	6801	4232	720	430	601
西 藏	241	174	13	18	17
陕 西	6300	4046	426	373	499
甘 肃	2633	1782	153	117	192
青 海	350	234	21	38	24
宁 夏	670	377	73	25	83
新 疆	2119	1193	171	127	164

3-20 续表

单位：万平方米

地　　区	文化、体育和娱乐用房屋	厂房及建筑物	仓　库	其他未列明的房屋建筑物
全国总计	**3298**	**46504**	**2143**	**8846**
北　京	73	292	12	179
天　津	14	271	25	97
河　北	52	888	53	279
山　西	27	231	12	142
内蒙古	4	54	9	60
辽　宁	16	582	36	121
吉　林	11	299	49	103
黑龙江	12	125	10	40
上　海	70	950	32	191
江　苏	510	10532	412	820
浙　江	376	10193	454	773
安　徽	78	2049	88	334
福　建	193	2689	79	137
江　西	235	1837	118	353
山　东	159	2144	86	357
河　南	226	1620	157	410
湖　北	298	2837	89	435
湖　南	192	1339	73	512
广　东	111	2446	96	785
广　西	173	685	49	318
海　南	9	11	1	56
重　庆	45	1136	29	470
四　川	111	1574	46	738
贵　州	59	282	21	133
云　南	102	376	39	302
西　藏	2	2	5	11
陕　西	66	635	41	214
甘　肃	43	158	6	181
青　海	5	6		22
宁　夏	9	62	7	36
新　疆	15	200	10	239

3-21 各地区按主要用途分的地方建筑业企业房屋竣工价值

单位：万元

地区	总计	住宅房屋	商业及服务用房屋	办公用房屋	科研、教育和医疗用房屋
全国总计	**667533966**	**435701277**	**55785712**	**33042370**	**38400764**
北京	11704162	5253168	1830368	1408893	1036045
天津	3117855	1561398	255737	127619	395434
河北	14090611	9547760	876525	519487	942717
山西	6123516	4247059	483423	297789	476662
内蒙古	2225589	1643689	105797	137946	131232
辽宁	6457584	4616711	304681	245597	222115
吉林	4673144	3283413	226109	259595	142071
黑龙江	2125436	1567105	44354	85180	79005
上海	13109936	7183384	1421972	1195184	778277
江苏	153797930	112746585	5982430	6408436	5717023
浙江	75553620	44601897	6781755	4569678	3136445
安徽	21424098	15929457	958374	699003	738959
福建	32007004	21525568	2651920	1906721	1083968
江西	22793841	13929883	1889184	1844067	1410743
山东	33843797	22958145	1990838	1605758	2546930
河南	45560035	20645129	14157316	1512267	5119264
湖北	40003114	27859735	3180682	1809210	2047162
湖南	27864350	18618488	2208206	1339192	2117780
广东	32846492	23310804	1517415	1520871	1593850
广西	20436631	10288691	1019513	976927	1743204
海南	1036155	546805	177087	43263	104021
重庆	21059102	14615067	1608396	942139	846796
四川	33481830	23587828	2750374	1112503	1724721
贵州	6343890	3857889	479103	284804	757033
云南	12909095	8248483	1263829	761230	1272187
西藏	546072	384614	38048	38867	31649
陕西	12009770	7168412	801586	707014	1134055
甘肃	4791782	3115416	250311	253320	424647
青海	681122	424167	45630	91270	54099
宁夏	1216435	595886	137982	54508	205498
新疆	3699970	1838643	346768	284036	387170

3-21 续表

单位：万元

地　　区	文化、体育和娱乐用房屋	厂房及建筑物	仓　库	其他未列明的房屋建筑物
全国总计	**7789963**	**74288080**	**4316361**	**18209440**
北　京	563869	956277	60993	594550
天　津	36386	450173	55356	235752
河　北	139732	1343120	86098	635173
山　西	57793	322765	21193	216832
内蒙古	13683	88404	13950	90890
辽　宁	71469	763649	52871	180490
吉　林	41888	436706	93456	189908
黑龙江	38848	212464	19221	79259
上　海	275039	1651701	79792	524587
江　苏	1256333	18630517	888786	2167820
浙　江	836987	13108511	718106	1800241
安　徽	106822	2466570	103438	421474
福　建	464463	4007357	99938	267070
江　西	448694	2520758	258680	491832
山　东	394095	3467466	137177	743389
河　南	441255	2892721	203111	588972
湖　北	432549	3867848	103994	701934
湖　南	542538	2091080	108354	838713
广　东	233519	3437364	152930	1079739
广　西	325988	3346311	658236	2077761
海　南	21507	23099	1103	119270
重　庆	79079	2111202	66425	790000
四　川	199434	2769733	98270	1238967
贵　州	185311	486095	54632	239024
云　南	178697	593212	70493	520964
西　藏	3590	3400	14549	31356
陕　西	239965	1443114	55143	460480
甘　肃	82707	325205	11453	328724
青　海	9735	11786	418	44017
宁　夏	26918	132883	9064	53696
新　疆	41071	326592	19134	456558

3-22 各地区地方建筑业企业主要生产效益指标

地区	建筑业企业个数（个）	从事建筑业活动的平均人数（人）	按总产值计算的劳动生产率（元/人）	人均竣工产值（元/人）	人均施工面积（平方米/人）	人均竣工面积（平方米/人）
全国总计	**102537**	**55636749**	**361347**	**195640**	**212.9**	**66.1**
北京	2538	941281	483784	285935	207.0	39.5
天津	1738	636814	269809	154156	105.3	21.4
河北	2458	871791	523717	241243	368.6	100.4
山西	2945	819438	398954	173992	168.4	42.7
内蒙古	1019	258390	361952	156358	162.2	51.9
辽宁	5241	757520	335154	183222	145.1	54.8
吉林	2367	403355	419820	260815	196.4	72.1
黑龙江	1834	351476	298473	165669	95.6	37.0
上海	2381	992561	479619	288593	302.5	60.7
江苏	9299	8987131	351821	265284	276.7	85.9
浙江	7234	6163868	326452	180344	296.1	70.6
安徽	4415	1878874	370558	172682	216.9	79.6
福建	5801	4397502	274856	128896	160.4	39.9
江西	3069	1996766	370523	210150	167.6	74.0
山东	7241	3160127	371107	173190	234.5	64.5
河南	6677	2783477	367940	238192	173.8	68.8
湖北	4504	2117602	498552	270291	246.4	125.2
湖南	2946	2552743	333096	181515	178.4	70.4
广东	6559	2868224	439980	194484	211.6	62.4
广西	1608	1376471	362600	182230	211.5	62.4
海南	211	82669	438779	206758	279.4	58.7
重庆	2907	2232620	320680	154813	149.3	59.0
四川	5788	3993019	340162	142494	143.6	49.9
贵州	1428	740777	376497	164748	178.0	50.0
云南	3135	1694117	323953	133208	113.4	40.1
西藏	271	60368	339846	157467	57.3	39.9
陕西	2992	1246362	420985	148239	204.0	50.5
甘肃	1635	518132	337083	139871	199.4	50.8
青海	380	83649	311041	145234	94.1	41.9
宁夏	656	188717	284466	153077	114.0	35.5
新疆	1260	480908	364174	180868	115.3	44.1

3-23 各地区地方建筑业企业资产构成

单位：万元

地　区	资产合计	#流动资产合计	#存货
全国总计	**1845900908**	**1513506108**	**292071042**
北　京	80926873	66596823	11237745
天　津	32838030	28128926	4283732
河　北	52205445	43560569	8491053
山　西	44535629	33158286	5289884
内蒙古	20016543	15915150	1731343
辽　宁	49555946	40928348	5393721
吉　林	25685859	20759789	2450231
黑龙江	19098812	16035681	2212557
上　海	72040718	64166498	13189061
江　苏	214920905	179601430	41990219
浙　江	143084746	119773613	28930771
安　徽	60909606	46632237	8382921
福　建	61853171	51758806	10803657
江　西	46472148	37404798	9555701
山　东	130119210	106985317	23038913
河　南	76423548	61004066	10765471
湖　北	68662603	56226044	12130878
湖　南	45578374	34451426	5865940
广　东	160131905	137548830	21732250
广　西	25975799	21747200	3536720
海　南	3879158	3437584	230315
重　庆	53462002	43889246	10567375
四　川	119074105	92875072	18780901
贵　州	52573127	42136993	7086277
云　南	60367852	45687550	7521732
西　藏	4567389	3567537	353332
陕　西	52998542	45549869	7614401
甘　肃	30000412	21810741	4885245
青　海	4243948	3452048	729367
宁　夏	7226224	6383582	892191
新　疆	26472281	22332049	2397140

3-24 各地区地方建筑业企业固定资产情况

单位：万元

地区	固定资产原价	固定资产折旧	#本年折旧	在建工程
全国总计	**159608264**	**70521236**	**10373022**	**28923721**
北京	4382161	2283097	269342	516879
天津	2710439	1392382	133012	277674
河北	5184583	2307108	262748	755110
山西	3504912	1604087	229189	809648
内蒙古	2185530	1072440	190523	259745
辽宁	5054823	2566308	263189	359526
吉林	2445236	1067340	148477	1293419
黑龙江	2097635	965392	111902	112882
上海	4705387	2620624	298782	253794
江苏	21121714	9189902	1238438	2302461
浙江	13656048	6429522	890096	989369
安徽	5696551	2393518	333562	1482634
福建	6384473	2681543	447522	575585
江西	4275616	1689457	298093	895480
山东	12786794	5710659	789190	1459040
河南	10307845	3987664	873398	1407616
湖北	7882933	3493425	659249	2925115
湖南	5901792	2276519	308130	1288686
广东	8552909	4041147	564464	1330862
广西	1927368	816054	184838	546573
海南	147459	78557	15567	30898
重庆	3128295	1358117	211031	579607
四川	8281365	3560925	565500	2108115
贵州	1486483	514176	92242	1384739
云南	4822179	2090390	329225	697048
西藏	326937	116740	13868	78837
陕西	3920470	1594844	263319	3049652
甘肃	3201025	868063	124662	605983
青海	489224	237735	49934	38608
宁夏	677793	324032	45649	40770
新疆	2362286	1189473	167882	467366

3-25 各地区地方建筑业企业负债及所有者权益

单位：万元

地　区	负债合计	#流动负债	#应付账款	所有者权益	#实收资本
全国总计	**1223492072**	**1098836126**	**408897287**	**622390641**	**330653714**
北　京	62593658	56533135	22549061	18333216	11097065
天　津	23980904	20908608	9402806	8857127	4661671
河　北	36706898	33680688	14938088	15498547	8943827
山　西	31642911	27550356	11504094	12892718	8156928
内蒙古	13488772	12588337	3967137	6527771	3874828
辽　宁	34359575	30123384	8565257	15201138	8118464
吉　林	16342501	14923947	4992947	9343358	4924059
黑龙江	12248597	10686631	3942399	6850215	4869364
上　海	55393910	53615335	22918725	16646809	9104947
江　苏	122512615	113146397	42265145	92385174	34854602
浙　江	92845781	88801746	33958905	50239120	26139114
安　徽	38830773	33336716	11039724	22078832	10347063
福　建	34257652	30644542	7469827	27595519	16463057
江　西	27407377	24218867	9055627	19064771	11426453
山　东	93131446	85899077	31934098	36987764	20159909
河　南	45086774	39987793	12844232	31336774	19083288
湖　北	40510960	33597371	15055239	28151642	13787629
湖　南	25633743	21712622	6929810	19944631	10610355
广　东	112513465	101012396	31596037	47618440	23999682
广　西	17068301	14659535	4837013	8907498	5708880
海　南	2506635	2386419	1049001	1372523	782272
重　庆	37010574	32153217	11714773	16451428	8247967
四　川	82904413	71815287	27411336	36169691	21904107
贵　州	38087027	32102042	11410536	14486100	4911668
云　南	39808321	34155653	13484161	20559531	11532988
西　藏	2693925	2289754	668350	1873464	643929
陕　西	37219133	33959459	16541873	15779409	15659039
甘　肃	19733465	17472865	7255467	10266947	4285066
青　海	2728315	2499336	884411	1515633	1234807
宁　夏	4967346	4803132	2081206	2258878	1561941
新　疆	19276306	17571483	6630001	7195975	3558747

3-26 各地区地方建筑业企业收入情况

单位：万元

地 区	主营业务收入	#主营业务成本	#主营业务税金及附加	其他业务收入	#其他业务利润
全国总计	**1776648927**	**1615717358**	**17487824**	**30835879**	**1645893**
北 京	54126300	49435956	173267	698346	120225
天 津	18725420	17196358	69617	4346529	24522
河 北	37031201	34344108	280994	3939178	28760
山 西	31208094	28046028	149906	516314	54429
内蒙古	11482158	10463159	87341	189048	19998
辽 宁	25698394	23063697	183014	1329319	25272
吉 林	16702080	14988164	166985	503310	14853
黑龙江	11794452	10814404	84604	160558	1526
上 海	62792615	58127474	180929	387204	77800
江 苏	263542715	238878975	2591847	1395267	208409
浙 江	169996005	159030019	869245	1081953	175298
安 徽	55093542	50023574	535360	900118	29963
福 建	98717365	90001532	1476541	766487	44690
江 西	56204829	50815052	869323	825480	32599
山 东	106870207	97418255	776093	1626845	106490
河 南	85556457	74776703	1667120	1858169	89315
湖 北	90382234	80504007	1450730	919437	39638
湖 南	74508491	66970007	1392982	281929	42154
广 东	137662376	124946152	859168	893272	187166
广 西	37271113	34705107	339245	694409	36582
海 南	4581104	4076415	30779	75863	1182
重 庆	59031696	52832655	731710	1063906	58895
四 川	103614279	94234063	1098788	2639703	71765
贵 州	25665357	23674442	167003	506305	26005
云 南	45510354	41002416	487826	799684	63865
西 藏	3072550	2615642	24447	114949	2034
陕 西	44462693	40860452	431060	1261795	27080
甘 肃	18465333	16837183	167928	499115	11296
青 海	3115990	2939300	14899	205738	981
宁 夏	5575150	5162718	28668	41177	6293
新 疆	18188377	16933341	100408	314470	16810

3-27 各地区地方建筑业企业费用情况

单位：万元

地区	管理费用	销售费用	研发费用	财务费用	#利息收入	#利息支出
全国总计	**56024268**	**6562510**	**8715237**	**12508650**	**2228473**	**18948581**
北京	2466940	425737	491236	376848	214474	522307
天津	1672324	82626	128323	176363	41342	175387
河北	1170628	63067	149820	326196	60865	235897
山西	1395622	84867	374413	279894	104705	319739
内蒙古	476179	16098	25765	151850	4722	131189
辽宁	1387597	88751	51280	278289	18615	169188
吉林	606858	29940	8711	162218	22794	79508
黑龙江	497970	21140	44676	73633	21214	67862
上海	2080825	186528	964754	134919	99782	168302
江苏	7115550	1081030	652849	1714410	200887	1177038
浙江	4274945	385195	844684	932187	155188	942682
安徽	1720477	294651	219910	468162	58458	355835
福建	2897066	309984	163658	383536	27053	270726
江西	1442073	178889	304858	285786	26343	194192
山东	3573507	273003	490289	838843	76315	581394
河南	2868853	475819	301410	645743	320078	9737864
湖北	2731082	476966	363208	522795	32875	264824
湖南	2354409	317985	699383	334111	97564	243322
广东	4381298	442194	1332895	1254875	101158	769049
广西	985679	47245	186385	214378	24866	186793
海南	100733	5459	1063	11878	79	8331
重庆	1804573	235863	95298	570755	51310	349640
四川	3106310	545360	365867	875038	205520	698246
贵州	630559	31247	186568	326659	22083	193890
云南	1348197	183491	96958	474910	23010	437031
西藏	103876	7871	4365	14731	6375	14526
陕西	1321738	149440	119895	325904	50160	276514
甘肃	559005	89984	22498	164859	111659	216412
青海	123385	4190	5076	19111	1537	13103
宁夏	206510	7539	4248	29075	20107	12585
新疆	619501	20351	14895	140699	27338	135208

3–28 各地区地方建筑业企业利润及税金情况

单位：万元

地区	利润总额	#应交所得税	税金总额	主营业务税金及附加	应交增值税
全国总计	**65706858**	**14723481**	**64488479**	**17487824**	**47000654**
北京	946092	242805	1178314	173267	1005047
天津	512280	143664	448709	69617	379092
河北	1156698	313028	1189769	280994	908775
山西	684630	115221	957719	149906	807813
内蒙古	303331	107890	413768	87341	326427
辽宁	719196	241064	954552	183014	771538
吉林	777974	236512	717154	166985	550169
黑龙江	485029	78736	417052	84604	332448
上海	1405805	264182	1320099	180929	1139170
江苏	11924261	2673274	10282649	2591847	7690802
浙江	4551003	1081406	5096060	869245	4226816
安徽	1960603	367021	1889943	535360	1354583
福建	3695188	1077173	4036679	1476541	2560138
江西	2251804	493026	2172793	869323	1303471
山东	3408731	752999	3242632	776093	2466539
河南	5347130	854206	4544209	1667120	2877089
湖北	4456534	1139566	4276969	1450730	2826239
湖南	2638835	506537	3580224	1392982	2187242
广东	4577398	1134192	4226402	859168	3367233
广西	966188	343525	1287144	339245	947899
海南	160322	79976	222562	30779	191783
重庆	2864264	500136	2464845	731710	1733135
四川	3718876	703017	3761044	1098788	2662256
贵州	936045	212829	796023	167003	629020
云南	2348069	462261	1819380	487826	1331554
西藏	295244	29888	89176	24447	64729
陕西	1314941	251901	1562200	431060	1131140
甘肃	701707	145917	677414	167928	509486
青海	46508	12960	107350	14899	92451
宁夏	141884	38513	169862	28668	141194
新疆	410294	120058	585784	100408	485377

3-29　各地区地方建筑业企业应收工程款及企业亏损情况

地　区	应收工程款(万元)	企业个数(个)	#亏损企业个数	亏损企业的比重(%)
全国总计	**484631274**	**102537**	**16836**	**16.4**
北　京	18723410	2538	682	26.9
天　津	10208959	1738	359	20.7
河　北	14731445	2458	426	17.3
山　西	12633987	2945	657	22.3
内蒙古	6230133	1019	251	24.6
辽　宁	13981827	5241	1392	26.6
吉　林	9500337	2367	444	18.8
黑龙江	5377332	1834	471	25.7
上　海	16803045	2381	451	18.9
江　苏	61146633	9299	621	6.7
浙　江	34319636	7234	1416	19.6
安　徽	15157127	4415	592	13.4
福　建	12760465	5801	662	11.4
江　西	10979074	3069	310	10.1
山　东	37591729	7241	1337	18.5
河　南	18858797	6677	741	11.1
湖　北	19615828	4504	504	11.2
湖　南	11046884	2946	267	9.1
广　东	39440823	6559	1124	17.1
广　西	6368109	1608	320	19.9
海　南	1235719	211	41	19.4
重　庆	14335352	2907	393	13.5
四　川	25576786	5788	740	12.8
贵　州	13610341	1428	348	24.4
云　南	15069062	3135	632	20.2
西　藏	1247355	271	34	12.6
陕　西	18910209	2992	505	16.9
甘　肃	7320349	1635	363	22.2
青　海	954265	380	116	30.5
宁　夏	3021009	656	226	34.5
新　疆	7875252	1260	411	32.6

3-30 各地区地方建筑业企业主要经济效益指标

地　区	产值利润率 (%)	产值利税率 (%)	资本利润率 (%)	资本利税率 (%)	人均利润 (元/人)	人均利税 (元/人)	资产负债率 (%)
全国总计	**3.3**	**6.5**	**19.9**	**39.4**	**11810**	**23401**	**66.3**
北　京	2.1	4.7	8.5	19.1	10051	22569	77.3
天　津	3.0	5.6	11.0	20.6	8044	15091	73.0
河　北	2.5	5.1	12.9	26.2	13268	26916	70.3
山　西	2.1	5.0	8.4	20.1	8355	20042	71.1
内蒙古	3.2	7.7	7.8	18.5	11739	27753	67.4
辽　宁	2.8	6.6	8.9	20.6	9494	22095	69.3
吉　林	4.6	8.8	15.8	30.4	19288	37067	63.6
黑龙江	4.6	8.6	10.0	18.5	13800	25666	64.1
上　海	3.0	5.7	15.4	29.9	14163	27463	76.9
江　苏	3.8	7.0	34.2	63.7	13268	24710	57.0
浙　江	2.3	4.8	17.4	36.9	7383	15651	64.9
安　徽	2.8	5.5	18.9	37.2	10435	20494	63.8
福　建	3.1	6.4	22.4	47.0	8403	17582	55.4
江　西	3.0	6.0	19.7	38.7	11277	22159	59.0
山　东	2.9	5.7	16.9	33.0	10787	21048	71.6
河　南	5.2	9.7	28.0	51.8	19210	35536	59.0
湖　北	4.2	8.3	32.3	63.3	21045	41242	59.0
湖　南	3.1	7.3	24.9	58.6	10337	24362	56.2
广　东	3.6	7.0	19.1	36.7	15959	30694	70.3
广　西	1.9	4.5	16.9	39.5	7019	16370	65.7
海　南	4.4	10.6	20.5	48.9	19393	46315	64.6
重　庆	4.0	7.4	34.7	64.6	12829	23869	69.2
四　川	2.7	5.5	17.0	34.1	9313	18733	69.6
贵　州	3.4	6.2	19.1	35.3	12636	23382	72.4
云　南	4.3	7.6	20.4	36.1	13860	24600	65.9
西　藏	14.4	18.7	45.9	59.7	48907	63679	59.0
陕　西	2.5	5.5	8.4	18.4	10550	23084	70.2
甘　肃	4.0	7.9	16.4	32.2	13543	26617	65.8
青　海	1.8	5.9	3.8	12.5	5560	18393	64.3
宁　夏	2.6	5.8	9.1	20.0	7518	16519	68.7
新　疆	2.3	5.7	11.5	28.0	8532	20713	72.8

四、按资质等级分组的建筑业企业

4-1　各地区总承包建筑业企业签订合同情况

单位：万元

地　区	签订合同额	上年结转合同额	本年新签合同额
全国总计	**5096562073**	**2445006604**	**2651555470**
北　京	373390490	216799116	156591374
天　津	121072166	67635914	53436252
河　北	127661862	61222528	66439334
山　西	99487419	39543113	59944306
内蒙古	28818441	12690580	16127860
辽　宁	63121191	27246971	35874221
吉　林	35663335	16288998	19374336
黑龙江	23435295	11093012	12342283
上　海	248360378	132977329	115383049
江　苏	496570861	229425059	267145802
浙　江	391087361	187416750	203670611
安　徽	154852574	74600706	80251869
福　建	232311066	102911596	129399471
江　西	127400810	54683522	72717288
山　东	255265671	103675559	151590112
河　南	227661437	95809758	131851679
湖　北	383186157	190176149	193010008
湖　南	233228982	116109475	117119507
广　东	403763568	219369930	184393639
广　西	104829933	46007070	58822864
海　南	8671864	4620111	4051754
重　庆	138553359	61696703	76856656
四　川	305093477	137741097	167352380
贵　州	96502792	49036529	47466262
云　南	126574641	54688728	71885912
西　藏	4870464	2392740	2477725
陕　西	172742164	80750945	91991220
甘　肃	43392000	16747355	26644645
青　海	12106227	6648104	5458123
宁　夏	8879423	3033999	5845424
新　疆	48006665	21967159	26039506

4-2 各地区总承包建筑业企业承包工程完成情况

单位：万元

地区	直接从建设单位承揽工程完成的产值			从建设单位以外承揽工程完成的产值
		自行完成施工产值	分包出去工程的产值	
全国总计	**2230980356**	**2151824657**	**79155699**	**97120010**
北京	110795560	90059601	20735959	14249019
天津	34179747	32309262	1870485	2333936
河北	54505422	53489925	1015497	1834586
山西	42672955	42451318	221638	955107
内蒙古	10301157	10248689	52468	153311
辽宁	28646995	28057190	589804	1160105
吉林	16046957	15998558	48398	436027
黑龙江	10610879	10430384	180495	40207
上海	72607284	60932873	11674412	7250332
江苏	281323843	279964728	1359116	15877249
浙江	180630066	176497481	4132585	6859179
安徽	74761214	73911088	850126	1942662
福建	119078398	118790911	287488	2665030
江西	73282416	72474438	807977	2902367
山东	129042883	128099747	943137	1961322
河南	111700103	110735421	964682	3234483
湖北	160001863	158427888	1573976	2563483
湖南	97869296	96963898	905398	2874339
广东	140927076	126908508	14018568	6479565
广西	52839091	50820527	2018564	1365426
海南	3293467	3282896	10571	11104
重庆	75602154	74077235	1524919	1977260
四川	132075819	126968027	5107792	8819931
贵州	35483220	35229140	254080	543837
云南	56677702	55608052	1069650	1913628
西藏	2147323	2102139	45184	50353
陕西	73233932	68401860	4832071	5701764
甘肃	19498642	17822847	1675794	180042
青海	3877306	3810808	66498	465619
宁夏	5706101	5531142	174959	110827
新疆	21561486	21418077	143409	207911

4-3 各地区总承包企业建筑业总产值和竣工产值

单位：万元

地区	建筑业总产值	#装饰装修产值	#在外省完成的产值	按构成分组 建筑工程产值	安装工程产值	其他产值	竣工产值
全国总计	**2248944666**	**59615812**	**767100368**	**2022548714**	**155999625**	**70396327**	**1121324333**
北京	104308620	4726789	77837558	99980457	3363207	964956	44065816
天津	34643197	115336	22810370	32010135	2206416	426647	14845967
河北	55324510	1599723	19365454	45614424	7094716	2615370	23316722
山西	43406424	922050	15305668	38308046	3905944	1192435	15275185
内蒙古	10402000	194177	1859197	9145446	463803	792750	4027825
辽宁	29217296	1318397	9417284	24938437	3318574	960285	12866572
吉林	16434585	254421	3200068	14143786	1267335	1023465	9637593
黑龙江	10470591	109554	1688076	8228167	1807999	434426	5801351
上海	68183204	3740438	41038023	58869753	7306331	2007121	36184916
江苏	295841977	5218692	140116580	279711257	13166484	2964236	220138633
浙江	183356660	7676654	68440223	166537808	12592267	4226585	102094017
安徽	75853750	988506	18279921	66994547	4252696	4606507	32028673
福建	121455941	2092576	53910049	113972965	6454878	1028098	55479712
江西	75376805	2203972	25037810	65756710	4782267	4837829	41248744
山东	130061069	4410928	26275343	111553391	15934594	2573084	56969481
河南	113969903	2404506	25436179	101377086	8771767	3821051	67474448
湖北	160991371	4328631	62282115	145209839	10944992	4836540	75878650
湖南	99838236	2666133	31907890	88281772	5968364	5588100	50525470
广东	133388073	4150139	27011729	120644334	8922104	3821634	52932663
广西	52185954	1266624	8456985	45153198	3837700	3195057	25962739
海南	3294000	137999	42808	3008641	145662	139696	1622602
重庆	76054495	1594830	13250856	70428465	3621098	2004931	35120478
四川	135787958	3799496	27041494	117796206	10934901	7056851	57104925
贵州	35772977	393048	8883914	31129180	2843456	1800342	13292406
云南	57521680	784154	5065783	53630579	2342373	1548728	21122187
西藏	2152492	6718	75002	2029910	78894	43688	939629
陕西	74103624	2009443	24389554	65659840	5755051	2688734	23121873
甘肃	18002889	188932	2931818	15291918	1834428	876544	7294989
青海	4276427	32003	1762924	3605018	492393	179015	2227076
宁夏	5641969	61098	590974	5125419	401113	115437	2833913
新疆	21625989	219847	3388720	18411981	1187820	2026188	9889081

4-4 各地区总承包建筑业企业房屋建筑面积

地 区	房 屋 施工面积 (万平方米)	#本年新开工	房 屋 竣工面积 (万平方米)	房屋竣工率 (%)
全国总计	**1416184**	**503240**	**391178**	**27.6**
北 京	80120	22498	10844	13.5
天 津	14603	4284	2165	14.8
河 北	34667	12299	8780	25.3
山 西	16805	5760	3723	22.2
内蒙古	5764	2743	1455	25.2
辽 宁	15105	5830	4245	28.1
吉 林	7801	3455	2773	35.5
黑龙江	3400	1643	1285	37.8
上 海	50431	13495	8976	17.8
江 苏	252041	85004	77308	30.7
浙 江	178571	55103	41535	23.3
安 徽	47178	16743	15007	31.8
福 建	74620	23144	16803	22.5
江 西	33065	15754	14456	43.7
山 东	82162	33447	21013	25.6
河 南	63216	25269	20211	32.0
湖 北	91088	37529	33467	36.7
湖 南	64303	26054	20647	32.1
广 东	82449	25868	21414	26.0
广 西	29359	10578	8608	29.3
海 南	2307	682	485	21.0
重 庆	35239	14627	13000	36.9
四 川	60258	27916	19385	32.2
贵 州	15669	5469	4095	26.1
云 南	19303	8782	6492	33.6
西 藏	336	163	232	69.1
陕 西	34746	9825	6531	18.8
甘 肃	10607	4217	2640	24.9
青 海	897	348	396	44.1
宁 夏	2235	1117	676	30.2
新 疆	7839	3595	2530	32.3

4-5 各地区按主要用途分的总承包建筑业企业房屋竣工面积

单位：万平方米

地区	总计	住宅房屋	商业及服务用房屋	办公用房屋	科研、教育和医疗用房屋
全国总计	**391178**	**266076**	**27645**	**18624**	**17795**
北京	10844	6459	1609	684	438
天津	2165	1259	149	61	152
河北	8780	6225	511	286	475
山西	3723	2651	272	148	225
内蒙古	1455	1082	55	57	66
辽宁	4245	3007	229	118	118
吉林	2773	2010	127	120	65
黑龙江	1285	994	31	34	42
上海	8976	4196	2103	711	414
江苏	77308	57360	2519	2924	2273
浙江	41535	24434	3338	2176	1358
安徽	15007	10917	629	546	527
福建	16803	11114	1316	954	510
江西	14456	9304	1194	865	682
山东	21013	14824	1191	1174	1353
河南	20211	14022	1569	1149	1277
湖北	33467	21990	3482	1740	1593
湖南	20647	14399	1580	1144	1224
广东	21414	15506	886	732	782
广西	8608	5311	562	574	947
海南	485	271	79	20	39
重庆	13000	9447	881	548	493
四川	19385	14108	1548	608	744
贵州	4095	2706	302	164	413
云南	6492	4117	642	418	582
西藏	232	165	13	18	17
陕西	6531	4290	398	320	499
甘肃	2640	1811	150	118	190
青海	396	240	21	38	36
宁夏	676	377	72	27	83
新疆	2530	1479	186	150	178

4-5 续表　　单位：万平方米

地区	文化、体育和娱乐用房屋	厂房及建筑物	仓库	其他未列明的房屋建筑物
全国总计	**3904**	**45381**	**2280**	**9473**
北京	453	893	21	288
天津	57	339	27	122
河北	52	892	52	287
山西	33	221	12	160
内蒙古	4	95	9	87
辽宁	20	593	35	124
吉林	11	297	49	94
黑龙江	12	118	10	43
上海	153	1009	36	355
江苏	495	10520	405	813
浙江	356	8820	436	616
安徽	89	1905	67	328
福建	166	2531	76	136
江西	226	1741	116	329
山东	187	1874	76	334
河南	232	1426	151	384
湖北	386	3154	243	880
湖南	211	1432	99	557
广东	121	2483	110	794
广西	173	663	49	328
海南	9	11		56
重庆	46	1104	30	450
四川	122	1505	45	705
贵州	61	281	21	147
云南	89	314	37	294
西藏	2	2	5	11
陕西	66	658	40	260
甘肃	43	156	5	167
青海	5	34		22
宁夏	9	66	7	36
新疆	17	244	11	266

4-6　各地区按主要用途分的总承包建筑业企业房屋竣工价值

单位：万元

地　区	总计	住宅房屋	商业及服务用房屋	办公用房屋	科研、教育和医疗用房屋
全国总计	**723580725**	**465251065**	**67491215**	**38319878**	**41784586**
北　京	28026981	13431578	4828764	2478769	1618716
天　津	4859351	2754646	349871	189786	495582
河　北	14364558	9679029	924424	519704	965161
山　西	6898442	4590290	525079	315323	506451
内蒙古	2397941	1681255	112278	141349	131232
辽　宁	6720798	4771484	304489	239530	229355
吉　林	4604144	3228113	221034	252834	140658
黑龙江	2110499	1559643	41227	81237	78580
上　海	21352476	8548676	5687872	1988843	1241755
江　苏	154368741	113213079	5920511	6424632	5756550
浙　江	73509390	44156851	6667187	4502654	3104877
安　徽	22145479	16528102	934045	720098	853634
福　建	31635239	21334969	2575443	1972113	1047726
江　西	22531654	13851991	1866585	1808331	1398370
山　东	38036764	24786398	2365725	3364239	2862908
河　南	46476862	21382957	14674454	1746907	5274963
湖　北	51198818	32968820	6465159	2469433	2943536
湖　南	33194868	22139576	2527132	1991952	2303497
广　东	38624787	28441006	1685070	1538953	1920815
广　西	20569444	10386214	1018797	979327	1745868
海　南	1036155	546805	177087	43263	104021
重　庆	21645373	14976954	1631589	939315	988712
四　川	32974640	23185201	2620009	1090116	1727982
贵　州	6662121	4069689	507396	301165	802128
云　南	12667324	8134917	1235380	758090	1243313
西　藏	533039	372241	38080	38536	31649
陕　西	12935560	7731338	785433	671648	1132103
甘　肃	4862098	3215913	248044	262695	420412
青　海	785455	434039	45590	91270	95349
宁　夏	1230871	595209	137919	60460	205498
新　疆	4620854	2554084	369544	337307	413186

4-6 续表 单位：万元

地　区	文化、体育和娱乐用房屋	厂房及建筑物	仓　库	其他未列明的房屋建筑物
全国总计	**9785086**	**76092839**	**4445315**	**20410741**
北　京	1574575	3004484	82041	1008055
天　津	81693	572416	59124	356232
河　北	139647	1380522	86630	669442
山　西	105481	461005	21618	373196
内蒙古	13153	136238	13950	168486
辽　宁	104562	822210	52670	196499
吉　林	41888	444958	93456	181203
黑龙江	38675	205479	18724	86934
上　海	717634	2367886	88589	711221
江　苏	1246021	18732314	878743	2196891
浙　江	791240	11993863	705295	1587424
安　徽	139321	2404325	96890	469065
福　建	409482	3881839	97324	316343
江　西	432266	2441266	256131	476714
山　东	443668	3373440	131602	708785
河　南	502504	2147232	200090	547755
湖　北	668785	4118931	159471	1404684
湖　南	628986	2291985	177247	1134493
广　东	239005	3461869	170076	1167993
广　西	327445	3327369	658236	2126188
海　南	21507	23099	1103	119270
重　庆	100279	2170686	69186	768653
四　川	248020	2810349	97646	1195317
贵　州	189108	483606	54632	254398
云　南	165379	549270	69145	511829
西　藏	3590	3469	14549	30925
陕　西	239334	1547997	54207	773499
甘　肃	87985	321550	7581	297918
青　海	9538	65428	418	43823
宁　夏	26873	142151	9064	53696
新　疆	47442	405602	19879	473811

4-7 各地区总承包建筑业企业主要生产效益指标

地 区	建筑业企业个数(个)	从事建筑业活动的平均人数(人)	按总产值计算的劳动生产率(元/人)	人均竣工产值(元/人)	人均施工面积(平方米/人)	人均竣工面积(平方米/人)
全国总计	**71430**	**55090341**	**408229**	**203543**	**257.1**	**71.0**
北 京	957	1711437	609480	257479	468.1	63.4
天 津	723	631765	548356	234992	231.1	34.3
河 北	1851	893758	619010	260884	387.9	98.2
山 西	1812	1035464	419198	147520	162.3	36.0
内 蒙 古	881	255487	407144	157653	225.6	56.9
辽 宁	2853	687573	424934	187130	219.7	61.7
吉 林	1560	365229	449980	263878	213.6	75.9
黑 龙 江	1332	352239	297258	164699	96.5	36.5
上 海	1329	1056698	645248	342434	477.2	84.9
江 苏	5868	7973519	371031	276087	316.1	97.0
浙 江	5271	5619422	326291	181681	317.8	73.9
安 徽	3262	1730558	438320	185077	272.6	86.7
福 建	4423	4526674	268312	122562	164.8	37.1
江 西	2698	1735844	434237	237629	190.5	83.3
山 东	5081	3118498	417063	182682	263.5	67.4
河 南	4220	2772088	411134	243407	228.0	72.9
湖 北	3367	2341229	687636	324098	389.1	142.9
湖 南	2336	2678229	372777	188653	240.1	77.1
广 东	3832	2688935	496063	196854	306.6	79.6
广 西	1362	1377109	378953	188531	213.2	62.5
海 南	163	75329	437282	215402	306.2	64.4
重 庆	1986	2080501	365559	168808	169.4	62.5
四 川	4644	3805423	356828	150062	158.3	50.9
贵 州	1244	874854	408902	151939	179.1	46.8
云 南	2400	1686816	341007	125219	114.4	38.5
西 藏	263	60032	358557	156521	56.0	38.7
陕 西	2495	1563967	473818	147841	222.2	41.8
甘 肃	1345	514983	349582	141655	206.0	51.3
青 海	295	92301	463313	241284	97.2	42.9
宁 夏	529	193845	291056	146195	115.3	34.9
新 疆	1048	590535	366210	167460	132.7	42.8

4-8 各地区总承包建筑业企业资产构成

单位：万元

地 区	资产合计	#流动资产合计	#存货
全国总计	**2304164421**	**1789603357**	**309567106**
北 京	268618422	161538621	14084265
天 津	64578684	51122616	4883490
河 北	63170886	53096180	10449098
山 西	63741767	48671432	7055184
内蒙古	20592105	16634289	1753829
辽 宁	49749635	42253335	5876912
吉 林	24242157	19523957	2476297
黑龙江	19289906	16429255	2553654
上 海	104433886	85890665	15004722
江 苏	195098110	163054829	39332151
浙 江	127089048	106824507	26061447
安 徽	68978746	52499092	8001056
福 建	62214802	51711142	10206318
江 西	48539456	39616978	9807356
山 东	143105232	116890350	23500111
河 南	89936194	70962042	11769385
湖 北	140468620	107389443	22892625
湖 南	65239553	47492708	7436546
广 东	177910296	138671295	19222532
广 西	30668248	24461804	3725099
海 南	3772171	3386407	195848
重 庆	56912796	46084613	10445713
四 川	120974943	94190110	19240044
贵 州	61890985	49643547	7366324
云 南	66690304	47507169	7570790
西 藏	5279192	4055747	349008
陕 西	80264159	66202221	8766448
甘 肃	33187755	24384368	4841221
青 海	7131419	5233353	1141181
宁 夏	7262145	6497222	950274
新 疆	33132802	27684060	2608180

4-9　各地区总承包建筑业企业固定资产情况

单位：万元

地　区	固定资产原价	固定资产折旧	#本年折旧	在建工程
全国总计	**180743901**	**84713747**	**12158650**	**31991775**
北　京	7583735	4105075	603730	739774
天　津	4962858	2697774	299033	383257
河　北	7227620	3713034	349341	772892
山　西	4756398	2496864	419529	796226
内蒙古	2203344	1099711	190151	303271
辽　宁	5224740	2888123	296478	301266
吉　林	2321856	1047899	137315	1237815
黑龙江	2393078	1211563	119873	103556
上　海	6777062	3770485	397141	301201
江　苏	18922020	8370520	1111183	2078258
浙　江	11565773	5510650	742782	870483
安　徽	5901424	2587678	344197	1413007
福　建	6060483	2598627	425624	522130
江　西	4332981	1757035	295972	863436
山　东	13314516	6397376	867459	1411913
河　南	10778243	4510126	867724	1393171
湖　北	14140599	6595794	1156424	5705573
湖　南	6697583	2628225	422368	1334717
广　东	9099953	4529149	602129	1451222
广　西	2345953	1086371	192020	560687
海　南	104451	55100	9889	29485
重　庆	3996494	1871194	285207	618934
四　川	8306503	3615362	555520	1992115
贵　州	1862254	731595	115094	1529439
云　南	4950964	2139777	323111	866643
西　藏	319917	126520	14386	79126
陕　西	6881801	3517278	636019	3103623
甘　肃	3240904	921708	125685	579250
青　海	964361	469418	62290	45894
宁　夏	633460	309784	41459	26204
新　疆	2872576	1353937	149518	577209

4-10 各地区总承包建筑业企业负债及所有者权益

单位：万元

地区	负债合计	#流动负债	#应付账款	所有者权益	#实收资本
全国总计	**1599782636**	**1438712418**	**559101470**	**704363414**	**354678803**
北京	178920535	159319335	57089268	89697887	30041837
天津	52291526	48645765	21220101	12287158	7801941
河北	46704675	43139242	18863566	16466210	9867672
山西	48759690	44391793	18664685	14982078	9148893
内蒙古	14449026	13497965	4234295	6143078	3893255
辽宁	37230720	34306263	10712181	12523682	7095304
吉林	16066926	14705016	5150226	8175231	4314084
黑龙江	13648989	12219161	4657609	5640916	4653823
上海	81872728	78886744	35379284	22561157	11826942
江苏	114643419	105766431	38893375	80431575	29928419
浙江	82976372	79369680	30238294	44112654	22884798
安徽	47094285	41778437	15382834	21884462	10612202
福建	37050446	33396655	9696485	25164356	14735945
江西	30157302	26923811	10356851	18382154	11134277
山东	106099063	97352023	37865076	37006168	20020583
河南	59079446	53094788	20347013	30856749	17614263
湖北	96902391	81980557	37045865	43566228	17792393
湖南	42169949	35797717	14689129	23069604	11816779
广东	131250468	115790234	39489815	46659827	24839821
广西	20745198	17901484	6041235	9923050	6303917
海南	2289209	2172224	927885	1482962	994120
重庆	40816312	35908160	13748220	16096484	8284647
四川	85700636	74240394	29438901	35274307	21529967
贵州	45811520	39177054	15029545	16079465	6155899
云南	45455445	37864035	14801414	21234859	11260255
西藏	3316184	2552127	765068	1963008	704378
陕西	60573554	56121443	26957948	19690604	17885797
甘肃	22732462	20383419	8845893	10455293	4437795
青海	4926871	4524774	1718743	2204548	1389943
宁夏	5121413	4968020	2213850	2140731	1461800
新疆	24925873	22537669	8636818	8206929	4247056

4-11 各地区总承包建筑业企业收入情况

单位：万元

地区	主营业务收入	#主营业务成本	#主营业务税金及附加	其他业务收入	#其他业务利润
全国总计	**2050170387**	**1884010027**	**16969281**	**26848523**	**1988834**
北京	131879194	123296043	290119	837835	228597
天津	37630626	34968124	84519	269027	38959
河北	46357305	42934531	312043	3957579	42128
山西	42983678	39320863	171735	496971	76622
内蒙古	12572446	11533783	87931	155817	20207
辽宁	28881237	26499058	168914	1095023	27678
吉林	16012282	14503590	154058	476991	16899
黑龙江	11935445	11112765	79251	124913	-1681
上海	88574766	82613631	223574	412293	134367
江苏	243346367	222116408	2362083	1218504	183251
浙江	153752558	144531271	799008	850660	159758
安徽	62873836	57858233	488243	887844	44357
福建	98637609	90556987	1374667	677516	53532
江西	57049059	51855668	788003	800645	35007
山东	121075507	111553996	740780	1594140	120656
河南	97334654	86797567	1523472	1850848	88328
湖北	151394890	137175848	1625122	1191878	82162
湖南	88426341	80362236	1361990	289634	43477
广东	141134611	130188667	787505	1266598	239228
广西	39537416	36918174	339470	677692	41902
海南	4207015	3752102	28943	70541	1182
重庆	61386425	55272478	709155	976779	57209
四川	106257965	96954061	1029007	2564049	71791
贵州	32511972	30194312	169219	631553	25913
云南	47795746	43322865	465961	712906	66855
西藏	3417587	2963447	23472	114949	2034
陕西	69486741	64913961	457341	1462416	38492
甘肃	20180262	18601723	163561	500403	14282
青海	5212483	4842025	22373	196187	4717
宁夏	5820280	5418996	28603	34892	6532
新疆	22504084	21076614	109160	451441	24394

4-12 各地区总承包建筑业企业费用情况

单位：万元

地　区	管理费用	销售费用	研发费用	财务费用	#利息收入	#利息支出
全国总计	**53976910**	**4900792**	**16511482**	**14013623**	**5134146**	**22519560**
北　京	3197350	127355	1976362	1167496	1739656	1910955
天　津	1028373	63884	755461	349918	229830	494297
河　北	1457286	82736	367496	396711	87752	338314
山　西	1494724	61849	805335	304314	150378	394839
内蒙古	445617	13886	36376	176149	6226	154161
辽　宁	1118026	36510	221397	327855	34402	229484
吉　林	487418	19378	34412	156136	24222	81957
黑龙江	445378	19041	37785	64331	20429	69791
上　海	2133241	151041	1576320	208098	275103	385490
江　苏	5793789	744674	614779	1570939	218229	1089661
浙　江	3406875	212444	726375	806649	155905	762576
安　徽	1547798	166428	631662	440175	95555	360904
福　建	2569011	214598	304623	392055	33602	287106
江　西	1347921	156868	377009	292790	34989	211299
山　东	3389033	198946	693924	887594	144907	694290
河　南	2774188	368901	534940	644743	377759	9826721
湖　北	4132698	598594	1720456	800969	226310	724307
湖　南	2566376	286351	1119504	426272	178156	396958
广　东	3407112	174908	1631382	1110325	263287	914100
广　西	1028742	41126	240003	301252	30545	277319
海　南	76331	3735	1063	10712	124	7696
重　庆	1641860	216045	284552	565346	62844	382528
四　川	3133229	486697	636814	871300	259663	751510
贵　州	718194	27087	289090	368736	77391	278037
云　南	1193862	146882	201508	514705	39314	513887
西　藏	105124	5697	7205	20104	9027	22615
陕　西	1728288	162370	497449	411561	174703	472911
甘　肃	520117	86749	48789	160387	129915	241693
青　海	188278	2230	71202	32105	5546	30490
宁　夏	191187	6648	4383	30453	3282	14146
新　疆	709486	17138	63827	203446	45097	199520

4-13 各地区总承包建筑业企业利润及税金情况

单位：万元

地区	利润总额	#应交所得税	税金总额	主营业务税金及附加	应交增值税
全国总计	**72951209**	**14872646**	**64221390**	**16969281**	**47252109**
北京	7768298	530191	2042928	290119	1752808
天津	498913	126077	485280	84519	400761
河北	1321779	351153	1326408	312043	1014366
山西	868020	120582	1033960	171735	862226
内蒙古	295464	104025	412692	87931	324761
辽宁	571741	200286	918522	168914	749608
吉林	688474	215761	655910	154058	501852
黑龙江	173958	72328	379331	79251	300080
上海	2058341	310430	1339878	223574	1116304
江苏	10559076	2402787	9318384	2362083	6956301
浙江	4024080	975340	4652515	799008	3853507
安徽	1965489	362938	1763276	488243	1275033
福建	3474085	1018831	3832746	1374667	2458080
江西	2160427	477149	2041803	788003	1253800
山东	3650149	751140	3396849	740780	2656069
河南	5050429	823493	4261508	1523472	2738037
湖北	6377176	1486535	5449364	1625122	3824242
湖南	2919504	505101	3639772	1361990	2277783
广东	4263831	1103234	3728171	787505	2940666
广西	984204	344750	1263006	339470	923536
海南	136590	74788	207632	28943	178689
重庆	2784439	484139	2379434	709155	1670279
四川	3648532	694403	3650958	1029007	2621950
贵州	994716	213544	825150	169219	655931
云南	2385676	465748	1765727	465961	1299766
西藏	292535	29604	90325	23472	66853
陕西	1745752	300038	1739194	457341	1281853
甘肃	646137	136902	671424	163561	507863
青海	69603	24857	117346	22373	94973
宁夏	142723	37999	167356	28603	138753
新疆	431071	128494	664542	109160	555382

4-14 各地区总承包建筑业企业应收工程款及企业亏损情况

地　区	应收工程款(万元)	企业个数(个)	#亏损企业个数	亏损企业的比重(%)
全国总计	**513780998**	**71430**	**11125**	**15.6**
北　京	32886128	957	228	23.8
天　津	13918933	723	152	21.0
河　北	16359056	1851	308	16.6
山　西	16297486	1812	377	20.8
内蒙古	6330329	881	217	24.6
辽　宁	13796657	2853	745	26.1
吉　林	8890263	1560	299	19.2
黑龙江	6126290	1332	326	24.5
上　海	19739376	1329	224	16.9
江　苏	51847314	5868	322	5.5
浙　江	28841938	5271	1032	19.6
安　徽	15640377	3262	444	13.6
福　建	11456631	4423	474	10.7
江　西	11605629	2698	274	10.2
山　东	37175894	5081	982	19.3
河　南	19524845	4220	389	9.2
湖　北	29005784	3367	345	10.3
湖　南	14005307	2336	193	8.3
广　东	34821248	3832	620	16.2
广　西	6806132	1362	262	19.2
海　南	1088830	163	28	17.2
重　庆	14477864	1986	244	12.3
四　川	24464240	4644	552	11.9
贵　州	15302117	1244	299	24.0
云　南	15262553	2400	430	17.9
西　藏	1601095	263	35	13.3
陕　西	24740995	2495	406	16.3
甘　肃	7639157	1345	286	21.3
青　海	1243617	295	83	28.1
宁　夏	3078654	529	187	35.4
新　疆	9806261	1048	362	34.5

4-15　各地区总承包建筑业企业主要经济效益指标

地　区	产值利润率 (%)	产值利税率 (%)	资本利润率 (%)	资本利税率 (%)	人均利润 (元/人)	人均利税 (元/人)	资产负债率 (%)
全国总计	**3.2**	**6.1**	**20.6**	**38.7**	**13242**	**24900**	**69.4**
北　京	7.4	9.4	25.9	32.7	45391	57327	66.6
天　津	1.4	2.8	6.4	12.6	7897	15579	81.0
河　北	2.4	4.8	13.4	26.8	14789	29630	73.9
山　西	2.0	4.4	9.5	20.8	8383	18368	76.5
内蒙古	2.8	6.8	7.6	18.2	11565	27718	70.2
辽　宁	2.0	5.1	8.1	21.0	8315	21674	74.8
吉　林	4.2	8.2	16.0	31.2	18851	36809	66.3
黑龙江	1.7	5.3	3.7	11.9	4939	15708	70.8
上　海	3.0	5.0	17.4	28.7	19479	32159	78.4
江　苏	3.6	6.7	35.3	66.4	13243	24929	58.8
浙　江	2.2	4.7	17.6	37.9	7161	15440	65.3
安　徽	2.6	4.9	18.5	35.1	11358	21547	68.3
福　建	2.9	6.0	23.6	49.6	7675	16142	59.6
江　西	2.9	5.6	19.4	37.7	12446	24209	62.1
山　东	2.8	5.4	18.2	35.2	11705	22597	74.1
河　南	4.4	8.2	28.7	52.9	18219	33592	65.7
湖　北	4.0	7.3	35.8	66.5	27239	50514	69.0
湖　南	2.9	6.6	24.7	55.5	10901	24491	64.6
广　东	3.2	6.0	17.2	32.2	15857	29722	73.8
广　西	1.9	4.3	15.6	35.6	7147	16318	67.6
海　南	4.1	10.4	13.7	34.6	18133	45696	60.7
重　庆	3.7	6.8	33.6	62.3	13384	24820	71.7
四　川	2.7	5.4	16.9	33.9	9588	19182	70.8
贵　州	2.8	5.1	16.2	29.6	11370	20802	74.0
云　南	4.1	7.2	21.2	36.9	14143	24611	68.2
西　藏	13.6	17.8	41.5	54.4	48730	63776	62.8
陕　西	2.4	4.7	9.8	19.5	11162	22283	75.5
甘　肃	3.6	7.3	14.6	29.7	12547	25585	68.5
青　海	1.6	4.4	5.0	13.5	7541	20254	69.1
宁　夏	2.5	5.5	9.8	21.2	7363	15996	70.5
新　疆	2.0	5.1	10.1	25.8	7300	18553	75.2

4-16 各地区按资质等级划分的总承包建筑业企业单位数

单位：个

地　区	合计	特级	一级	二级	三级及以下
全国总计	**71430**	**640**	**7564**	**23109**	**40117**
北　京	957	57	257	251	392
天　津	723	14	134	185	390
河　北	1851	12	219	822	798
山　西	1812	20	130	475	1187
内蒙古	881	4	90	319	468
辽　宁	2853	16	207	720	1910
吉　林	1560	6	78	341	1135
黑龙江	1332	4	119	575	634
上　海	1329	22	188	479	640
江　苏	5868	81	711	1922	3154
浙　江	5271	77	784	1377	3033
安　徽	3262	29	265	814	2154
福　建	4423	19	372	819	3213
江　西	2698	25	297	756	1620
山　东	5081	43	531	2081	2426
河　南	4220	27	418	1365	2410
湖　北	3367	23	502	1175	1667
湖　南	2336	17	298	682	1339
广　东	3832	29	429	962	2412
广　西	1362	12	129	439	782
海　南	163	1	22	46	94
重　庆	1986	6	241	595	1144
四　川	4644	31	485	1872	2256
贵　州	1244	11	71	556	606
云　南	2400	9	98	646	1647
西　藏	263	1	3	117	142
陕　西	2495	31	284	1445	735
甘　肃	1345	5	66	439	835
青　海	295	1	23	131	140
宁　夏	529	1	20	237	271
新　疆	1048	6	93	466	483

4-17 各地区按资质等级划分的总承包建筑业企业从业人员

单位：人

地区	合计	特级	一级	二级	三级及以下
全国总计	**48595131**	**10163891**	**18344619**	**11880744**	**8205877**
北京	401118	160547	184456	24957	31158
天津	397894	105383	217211	35085	40215
河北	822035	51003	280851	371137	119044
山西	728147	204000	243466	158693	121988
内蒙古	194501	11740	63178	74049	45534
辽宁	514136	26939	159947	165738	161512
吉林	324952	12557	102299	89858	120238
黑龙江	239162	36374	79418	78940	44430
上海	721733	257023	265131	123696	75883
江苏	7304813	2558571	2315711	1514885	915646
浙江	5504746	1801800	2350870	835003	517073
安徽	1736426	329340	584628	419760	402698
福建	4226289	587492	1946023	988931	703843
江西	1585903	237877	584728	419653	343645
山东	2806062	654590	1067727	734937	348808
河南	2633030	507312	744838	757534	623346
湖北	2241493	464742	981723	500771	294257
湖南	2523218	518183	906374	601876	496785
广东	2628926	334170	1347793	452282	494681
广西	1376126	334547	613122	279679	148778
海南	68952	5875	29502	18890	14685
重庆	1891368	48517	650046	640361	552444
四川	3220942	196805	1145951	1206778	671408
贵州	768895	203585	224345	202116	138849
云南	1312000	129235	372005	375017	435743
西藏	45782	48	1295	35044	9395
陕西	1344043	315521	477964	437339	113219
甘肃	483830	35587	178700	161823	107720
青海	72799	9635	19361	26195	17608
宁夏	102991	612	27070	47503	27806
新疆	372819	24281	178886	102214	67438

4-18 各地区按资质等级划分的总承包企业建筑业总产值

单位：万元

地　区	合计	特级	一级	二级	三级及以下
全国总计	**2248944666**	**697841576**	**881672832**	**404115713**	**265314545**
北　京	104308620	66882644	32743216	2125048	2557713
天　津	34643197	16130134	14479291	1963273	2070499
河　北	55324510	14804026	25729844	11441861	3348779
山　西	43406424	16064123	16718688	6622746	4000868
内蒙古	10402000	1959805	3701040	2598326	2142828
辽　宁	29217296	4073576	11569713	6230593	7343414
吉　林	16434585	1111108	5810696	4861573	4651209
黑龙江	10470591	1662637	4407633	3014604	1385716
上　海	68183204	35615022	20598324	7895628	4074231
江　苏	295841977	125733309	92766412	49947659	27394598
浙　江	183356660	66854368	76958712	24662181	14881399
安　徽	75853750	22781498	26517706	13977150	12577396
福　建	121455941	18752484	56468291	27295905	18939262
江　西	75376805	13869651	36103783	13718215	11685157
山　东	130061069	46008532	52204373	22497189	9350975
河　南	113969903	30540791	38829493	24313920	20285700
湖　北	160991371	65342352	64429394	19673910	11545715
湖　南	99838236	25362607	40926220	19369203	14180206
广　东	133388073	26763115	74222719	17434377	14967862
广　西	52185954	14486286	22291387	10103462	5304819
海　南	3294000	151084	1688763	912265	541888
重　庆	76054495	4932158	31839027	20198200	19085109
四　川	135787958	20280058	53132081	39542023	22833797
贵　州	35772977	12417986	11249128	7837985	4267877
云　南	57521680	13370075	16501053	13376642	14273910
西　藏	2152492	1500	117137	1713471	320383
陕　西	74103624	26213556	26405656	17295450	4188962
甘　肃	18002889	1668434	9032739	4454926	2846791
青　海	4276427	1510920	1196511	1004428	564569
宁　夏	5641969	125480	2042159	2427625	1046705
新　疆	21625989	2372259	10991643	5605875	2656212

4-19 各地区按资质等级划分的总承包建筑业企业签订合同额

单位：万元

地区	合计	特级	一级	二级	三级及以下
全国总计	**5096562073**	**2080898299**	**1983091078**	**647074930**	**385497766**
北京	373390490	278045901	85636834	4358623	5349132
天津	121072166	71005666	42080509	3941164	4044828
河北	127661862	34865069	69094830	18747570	4954392
山西	99487419	49001768	34456203	10734499	5294949
内蒙古	28818441	12224289	7689304	5369092	3535757
辽宁	63121191	15320154	27098930	9426962	11275147
吉林	35663335	2393606	12622126	9972691	10674911
黑龙江	23435295	5357821	11167430	5087999	1822046
上海	248360378	167133467	58214783	16394237	6617891
江苏	496570861	224418885	163882265	72757794	35511918
浙江	391087361	159362867	161551099	46297355	23876039
安徽	154852574	60240557	56513310	19700725	18397983
福建	232311066	62691283	98144888	42499036	28975859
江西	127400810	28101595	64759151	19844557	14695507
山东	255265671	99488948	103052905	37179804	15544014
河南	227661437	100489958	70467317	33028200	23675964
湖北	383186157	204750170	135474952	26455641	16505394
湖南	233228982	99784434	84934919	29952970	18556659
广东	403763568	108747224	231986716	36782156	26247472
广西	104829933	34343245	43257336	18992763	8236588
海南	8671864	446297	4793838	2252610	1179119
重庆	138553359	14148471	74998161	26531014	22875714
四川	305093477	66149213	149706367	58258785	30979112
贵州	96502792	31992757	38787912	17689433	8032690
云南	126574641	43723004	42963834	21237289	18650513
西藏	4870464	1500	666327	3674778	527859
陕西	172742164	84445188	53567892	27343580	7385505
甘肃	43392000	9253312	21434067	7415545	5289076
青海	12106227	5485539	3858133	1885335	877220
宁夏	8879423	244768	3419097	3642273	1573284
新疆	48006665	7241343	26809644	9620453	4335225

4-20 各地区按资质等级划分的总承包建筑业企业竣工产值

单位：万元

地区	合计	特级	一级	二级	三级及以下
全国总计	**1121324333**	**329854905**	**400579126**	**227517166**	**163373137**
北京	44065816	27643404	13505618	1613405	1303389
天津	14845967	5302783	7100315	1335662	1107208
河北	23316722	4975980	9357247	6798962	2184533
山西	15275185	3752849	5835599	3527066	2159671
内蒙古	4027825	369262	1404696	1233618	1020249
辽宁	12866572	769081	4054480	3473105	4569906
吉林	9637593	566886	2850196	3228950	2991561
黑龙江	5801351	983301	2101519	1816478	900054
上海	36184916	18736618	10825124	3925560	2697614
江苏	220138633	90881410	66309715	41695848	21251660
浙江	102094017	40383602	38574766	14598015	8537633
安徽	32028673	7885350	10371254	7496835	6275235
福建	55479712	8617995	27862386	11030806	7968525
江西	41248744	6875883	19469351	7729541	7173968
山东	56969481	18951492	21521916	11714070	4782003
河南	67474448	11570958	15036738	14149607	26717144
湖北	75878650	28438354	28964199	11919027	6557070
湖南	50525470	11741955	17732511	11920355	9130650
广东	52932663	9232174	28359132	8881500	6459857
广西	25962739	7383860	10575006	5131029	2872844
海南	1622602	104812	724509	500646	292636
重庆	35120478	1979419	12179230	9706467	11255362
四川	57104925	7671155	20223123	19070338	10140310
贵州	13292406	3280102	5319719	3021266	1671319
云南	21122187	1712083	3676981	8002178	7730945
西藏	939629	1500	116149	561299	260681
陕西	23121873	8247614	7264551	6173097	1436611
甘肃	7294989	558107	2769889	2494522	1472470
青海	2227076	943453	458742	522654	302228
宁夏	2833913	50312	1079724	1251795	452083
新疆	9889081	243154	4954743	2993465	1697719

4-21 各地区按资质等级划分的总承包建筑业企业房屋施工面积

单位：万平方米

地区	合计	特级	一级	二级	三级及以下
全国总计	**1416184**	**598169**	**495731**	**215435**	**106849**
北京	80120	63178	16361	461	120
天津	14603	6984	6735	532	351
河北	34667	9784	14629	8521	1733
山西	16805	9153	4278	2438	936
内蒙古	5764	2153	1373	1515	723
辽宁	15105	1642	4492	3217	5754
吉林	7801	950	2153	2471	2227
黑龙江	3400	616	1512	906	365
上海	50431	36794	10876	2391	370
江苏	252041	128813	70343	35098	17787
浙江	178571	88777	65896	16673	7226
安徽	47178	17311	16232	7798	5837
福建	74620	16556	37975	13549	6540
江西	33065	7990	13859	6375	4842
山东	82162	32403	28580	16123	5057
河南	63217	27133	17613	11729	6741
湖北	91088	50029	25091	11522	4446
湖南	64303	24779	19146	12059	8319
广东	82449	18183	48199	10901	5166
广西	29359	11310	11719	4699	1631
海南	2307	102	1265	747	192
重庆	35239	2866	19384	7621	5367
四川	60258	10448	28108	15936	5765
贵州	15669	5384	5482	3181	1623
云南	19303	4015	4454	6517	4317
西藏	336		30	234	71
陕西	34746	18300	9177	6322	948
甘肃	10607	1429	5517	2647	1014
青海	898	36	414	318	130
宁夏	2235	86	771	1062	317
新疆	7839	962	4067	1875	935

4-22 各地区按资质等级划分的总承包建筑业企业房屋竣工面积

单位：万平方米

地区	合计	特级	一级	二级	三级及以下
全国总计	**391178**	**121478**	**133795**	**84715**	**51190**
北京	10844	8443	2234	155	13
天津	2165	610	1249	172	135
河北	8780	2085	2642	3219	833
山西	3723	1286	1210	834	393
内蒙古	1455	188	426	483	358
辽宁	4245	267	1173	1267	1538
吉林	2773	214	768	934	856
黑龙江	1285	50	597	424	214
上海	8976	5777	2464	617	118
江苏	77308	33868	21566	14533	7340
浙江	41535	18885	14787	5255	2608
安徽	15007	3013	5161	4128	2705
福建	16803	2605	8715	3597	1886
江西	14456	2488	5044	3657	3268
山东	21013	7107	7099	5027	1779
河南	20211	4672	5377	5826	4336
湖北	33467	13416	11956	5216	2879
湖南	20647	4188	5747	5569	5144
广东	21414	3571	12136	3441	2267
广西	8608	2227	3358	2022	1001
海南	485	19	223	185	59
重庆	13000	763	5224	3554	3460
四川	19385	1467	7736	6810	3372
贵州	4095	1041	1453	1046	555
云南	6492	764	968	2394	2366
西藏	232		30	129	72
陕西	6531	2083	1896	2099	453
甘肃	2640	253	1026	856	505
青海	396	6	180	143	66
宁夏	676	20	274	272	110
新疆	2530	102	1078	850	501

4-23 各地区按资质等级划分的总承包建筑业企业实收资本

单位：万元

地区	合计	特级	一级	二级	三级及以下
全国总计	**354678803**	**82754551**	**122730089**	**88476566**	**60717598**
北京	30041837	21728095	6270438	1072555	970749
天津	7801941	3346271	2997169	864389	594112
河北	9867672	1582103	4016688	3041698	1227182
山西	9148893	2949120	2558288	1916430	1725055
内蒙古	3893255	253217	1101159	1220579	1318300
辽宁	7095304	1016839	2051751	2152011	1874704
吉林	4314084	226768	1135018	1396327	1555971
黑龙江	4653823	564835	1664601	1708673	715714
上海	11826942	4664545	3530864	2345851	1285682
江苏	29928419	4410816	9297740	9390750	6829113
浙江	22884798	3927454	9313373	5486140	4157832
安徽	10612202	2726021	2971835	2617245	2297101
福建	14735945	1129329	4987303	4149181	4470133
江西	11134277	865296	4432093	3153714	2683175
山东	20020583	3262940	6961869	6926924	2868850
河南	17614263	2723903	5474449	5159495	4256417
湖北	17792393	4183655	7081572	4123280	2403887
湖南	11816779	3055560	4068144	2688911	2004164
广东	24839821	4635332	12349613	4490469	3364407
广西	6303917	1014636	2528567	1717583	1043131
海南	994120	30000	571107	222547	170467
重庆	8284647	647177	3292551	2408085	1936835
四川	21529967	3738116	8271426	6102790	3417635
贵州	6155899	1640935	1652279	1701789	1160897
云南	11260255	4134029	1991684	2418891	2715652
西藏	704378	510	11668	557912	134288
陕西	17885797	3251593	8571034	5055403	1007767
甘肃	4437795	372183	1306661	1570823	1188128
青海	1389943	187015	417601	534507	250821
宁夏	1461800	32718	243344	843807	341931
新疆	4247056	453541	1608204	1437809	747502

4-24 各地区按资质等级划分的总承包建筑业企业资产

单位：万元

地　区	合计	特级	一级	二级	三级及以下
全国总计	**2304164421**	**853338451**	**824360564**	**384139206**	**242326200**
北　京	268618422	203976489	54971338	4788484	4882112
天　津	64578684	32767212	23181396	5498641	3131435
河　北	63170886	15684675	28835428	13977307	4673476
山　西	63741767	30273071	20254438	7787879	5426378
内蒙古	20592105	2281353	6672838	6237553	5400361
辽　宁	49749635	8049223	19208435	11492998	10998978
吉　林	24242157	1761059	7863440	7387597	7230061
黑龙江	19289906	4599807	7985957	4713442	1990700
上　海	104433886	50242778	33638711	14706981	5845416
江　苏	195098110	62657841	59517014	45843181	27080074
浙　江	127089048	44561761	49223163	19955990	13348134
安　徽	68978746	24164801	24785851	10887204	9140891
福　建	62214802	10214116	26477626	15210242	10312818
江　西	48539456	7255699	23843223	9962225	7478309
山　东	143105232	40279952	56944250	32963871	12917158
河　南	89936194	28131867	31125608	18049484	12629235
湖　北	140468620	76174194	40757620	16160980	7375825
湖　南	65239553	23843157	24581212	9728994	7086191
广　东	177910296	41468459	98726012	20816869	16898957
广　西	30668248	6726045	13985616	5999827	3956761
海　南	3772171	157703	1970125	869120	775223
重　庆	56912796	6215571	28370475	11878548	10448203
四　川	120974943	35231514	46187280	25011606	14544543
贵　州	61890985	17335599	19354874	14209572	10990940
云　南	66690304	24902454	18825468	10826054	12136328
西　藏	5279192	3253	307991	3906605	1061343
陕　西	80264159	36348011	24015486	16038230	3862433
甘　肃	33187755	9455605	13124586	5443075	5164489
青　海	7131419	2756036	1759454	1793137	822791
宁　夏	7262145	151683	2101750	3696947	1311765
新　疆	33132802	5667461	15763902	8296564	3404876

4-25 各地区按资质等级划分的总承包建筑业企业所有者权益

单位：万元

地　区	合计	特级	一级	二级	三级及以下
全国总计	**704363414**	**231428999**	**220003220**	**150048904**	**102882291**
北　京	89697887	75924410	11032651	1590364	1150462
天　津	12287158	5854728	3503926	1709170	1219333
河　北	16466210	3285831	6634978	4789587	1755814
山　西	14982078	5391639	4813139	2637242	2140058
内蒙古	6143078	399206	1960840	1783735	1999298
辽　宁	12523682	1814508	3745987	3451541	3511645
吉　林	8175231	609941	1798758	2347394	3419138
黑龙江	5640916	437518	2030918	2301160	871320
上　海	22561157	9604354	6861981	3932013	2162809
江　苏	80431575	21118734	22785481	23059180	13468181
浙　江	44112654	13771395	17102628	7777000	5461632
安　徽	21884462	5193424	8185556	4602774	3902708
福　建	25164356	2634105	9504808	6919354	6106090
江　西	18382154	2173456	7503592	4923667	3781438
山　东	37006168	8785534	13008935	10778338	4433361
河　南	30856749	6897652	9017358	8543719	6398020
湖　北	43566228	18728080	14120742	7111378	3606029
湖　南	23069604	6260305	8570643	4840407	3398250
广　东	46659827	9740645	23185703	7232433	6501046
广　西	9923050	1883128	3845717	2561041	1633165
海　南	1482962	46958	704844	417892	313269
重　庆	16096484	1426163	6019081	4494129	4157111
四　川	35274307	7815856	12199648	9321536	5937267
贵　州	16079465	3041688	4763637	4073333	4200807
云　南	21234859	7553607	4003560	4271477	5406216
西　藏	1963008	3141	42996	1623704	293168
陕　西	19690604	6497844	5024988	6557984	1609790
甘　肃	10455293	2839147	3158757	2277486	2179904
青　海	2204548	703672	545210	625650	330016
宁　夏	2140731	37036	501176	1125558	476962
新　疆	8206929	955298	3824986	2368661	1057985

4-26 各地区按资质等级划分的总承包建筑业企业负债

单位：万元

地区	合计	特级	一级	二级	三级及以下
全国总计	**1599782636**	**621909452**	**604357344**	**234068294**	**139447547**
北京	178920535	128052079	43938687	3198120	3731650
天津	52291526	26912484	19677469	3789471	1912102
天津	46704675	12398844	22200451	9187720	2917661
山西	48759690	24881433	15441299	5150637	3286321
内蒙古	14449026	1882147	4711999	4453818	3401063
辽宁	37230720	6234716	15462448	8042565	7490991
吉林	16066926	1151118	6064682	5040202	3810924
黑龙江	13648989	4162289	5955039	2412282	1119380
上海	81872728	40638424	26776729	10774969	3682607
江苏	114643419	41539108	36731534	22760885	13611893
浙江	82976372	30790366	32120536	12178990	7886481
安徽	47094285	18971377	16600295	6284430	5238183
福建	37050446	7580012	16972819	8290889	4206728
江西	30157302	5082243	16339630	5038558	3696871
山东	106099063	31494418	43935315	22185533	8483798
河南	59079446	21234215	22108250	9505766	6231214
湖北	96902391	57446114	26636878	9049603	3769796
湖南	42169949	17582852	16010569	4888586	3687941
广东	131250468	31727813	75540309	13584436	10397910
广西	20745198	4842917	10139899	3438786	2323596
海南	2289209	110745	1265282	451228	461954
重庆	40816312	4789408	22351394	7384418	6291092
四川	85700636	27415658	33987632	15690070	8607276
贵州	45811520	14293911	14591238	10136239	6790133
云南	45455445	17348848	14821908	6554578	6730112
西藏	3316184	113	264996	2282901	768175
陕西	60573554	29850167	18990498	9480246	2252644
甘肃	22732462	6616459	9965829	3165589	2984585
青海	4926871	2052365	1214244	1167488	492775
宁夏	5121413	114647	1600574	2571390	834803
新疆	24925873	4712163	11938916	5927903	2346891

4-27 各地区按资质等级划分的总承包建筑业企业营业收入

单位：万元

地区	合计	特级	一级	二级	三级及以下
全国总计	**2077018910**	**697257269**	**779699770**	**365134764**	**234927107**
北京	132717029	89456850	36921640	2980004	3358536
天津	37899652	17341778	15860621	2312113	2385140
河北	50314884	11792971	23816934	11079341	3625638
山西	43480649	17455466	15313373	6729890	3981920
内蒙古	12728263	1990304	4154747	3808411	2774802
辽宁	29976260	4093627	11922186	6547077	7413371
吉林	16489273	1111926	5536245	5069566	4771536
黑龙江	12060359	2351277	4710698	3507109	1491275
上海	88987058	49243540	24009102	10612054	5122362
江苏	244564871	104228072	74613065	41722877	24000857
浙江	154603218	55141461	62853557	22206649	14401552
安徽	63761681	21468052	20649206	11078240	10566183
福建	99315125	14893313	45984876	22868401	15568535
江西	57849705	10112815	27453483	11451058	8832349
山东	122669648	42619627	47337531	23164757	9547733
河南	99185502	27742029	33643416	21466637	16333421
湖北	152586768	70620846	54680923	17753156	9531844
湖南	88715975	24047008	36013529	16782297	11873141
广东	142401209	29537874	77369847	19248420	16245069
广西	40215109	11398566	15719731	8338350	4758461
海南	4277556	153613	2102597	1201517	819829
重庆	62363204	5011871	26240279	15967569	15143485
四川	108822014	22031024	43106000	28077475	15607515
贵州	33143525	11879332	10756841	7152440	3354912
云南	48508652	13649804	14083242	10238585	10537021
西藏	3532536	1944	142778	2852307	535507
陕西	70949156	30117974	21556004	15306829	3968350
甘肃	20680664	2850719	9069748	5316846	3443351
青海	5408670	1929069	1253608	1502476	723518
宁夏	5855172	117814	2019651	2578897	1138810
新疆	22955525	2866707	10804314	6213419	3071085

4-28 各地区按资质等级划分的总承包建筑业企业利税总额

单位：万元

地 区	合计	特级	一级	二级	三级及以下
全国总计	**137172599**	**39066946**	**44477282**	**31245254**	**22383117**
北 京	9811225	7959512	1526866	116023	208824
天 津	984193	447950	286730	111076	138437
河 北	2648187	527232	1063394	773556	284006
山 西	1901981	702190	578779	382397	238616
内蒙古	708156	54940	234951	210769	207496
辽 宁	1490263	132997	451009	420692	485566
吉 林	1344384	64066	320632	432817	526870
黑龙江	553288	-7906	244169	220669	96357
上 海	3398218	1720423	914258	484100	279438
江 苏	19877460	7613679	5753514	4073741	2436526
浙 江	8676595	2943098	3481723	1321008	930765
安 徽	3728765	822445	1260963	897472	747885
福 建	7306831	678512	3289659	1891264	1447396
江 西	4202230	606303	1585825	1090261	919842
山 东	7046998	2378057	2438486	1594551	635905
河 南	9311937	1136875	2268931	3226436	2679695
湖 北	11826540	4648969	4150157	1882848	1144566
湖 南	6559276	1165208	2324069	1760116	1309883
广 东	7992001	1155629	4449890	1170162	1216320
广 西	2247211	534863	759719	598694	353934
海 南	344222	13408	146125	106647	78042
重 庆	5163872	276491	1276882	1739900	1870599
四 川	7299490	913947	2406818	2401249	1577477
贵 州	1819866	520785	296961	661940	340181
云 南	4151402	852349	965502	1194232	1139320
西 藏	382860	968	7357	315674	58861
陕 西	3484946	1018174	907899	1225339	333534
甘 肃	1317562	83780	368509	475116	390156
青 海	186949	28860	63890	52169	42032
宁 夏	310079	7677	120332	131353	50717
新 疆	1095613	65468	533285	282985	213874

4-29 各地区按资质等级划分的总承包建筑业企业利润总额

单位：万元

地　区	合计	特级	一级	二级	三级及以下
全国总计	**72951209**	**24731646**	**22304450**	**14796648**	**11118466**
北　京	7768298	6745831	844442	38786	139238
天　津	498913	314388	60526	41064	82936
河　北	1321779	350814	487436	350103	133426
山　西	868020	348915	269132	158613	91361
内蒙古	295464	22884	102984	51714	117883
辽　宁	571741	51827	148120	170518	201276
吉　林	688474	39347	137673	220529	290926
黑龙江	173958	-39015	91565	90671	30737
上　海	2058341	1167142	517856	230842	142500
江　苏	10559076	4239859	2981204	2129688	1208324
浙　江	4024080	1504041	1541772	569782	408486
安　徽	1965489	464529	736437	418744	345780
福　建	3474085	334014	1553014	891017	696039
江　西	2160427	285946	875546	527254	471680
山　东	3650149	1413376	1115074	813036	308663
河　南	5050429	687020	1020216	1779846	1563347
湖　北	6377176	2736795	2096682	945835	597865
湖　南	2919504	709162	1034183	672189	503970
广　东	4263831	673665	2607601	378806	603759
广　西	984204	255445	344240	223648	160871
海　南	136590	5911	56794	45902	27984
重　庆	2784439	179397	664637	909077	1031328
四　川	3648532	594462	1226063	1067533	760474
贵　州	994716	361335	103471	347580	182331
云　南	2385676	552935	689457	596997	546288
西　藏	292535	857	5884	246719	39075
陕　西	1745752	633287	434444	508825	169196
甘　肃	646137	36694	155600	232588	221256
青　海	69603	15888	34564	9922	9229
宁　夏	142723	216	85768	49717	7023
新　疆	431071	44682	282067	79105	25217

4-30 各地区按资质等级划分的总承包建筑业企业税金总额

单位：万元

地区	合计	特级	一级	二级	三级及以下
全国总计	**64221390**	**14335301**	**22172832**	**16448606**	**11264651**
北京	2042928	1213681	682424	77237	69586
天津	485280	133562	226204	70012	55501
河北	1326408	176418	575957	423453	150580
山西	1033960	353275	309647	223784	147255
内蒙古	412692	32057	131967	159055	89613
辽宁	918522	81171	302888	250173	284290
吉林	655910	24719	182959	212288	235944
黑龙江	379331	31109	152604	129998	65620
上海	1339878	553280	396401	253259	136938
江苏	9318384	3373820	2772310	1944053	1228202
浙江	4652515	1439058	1939951	751226	522279
安徽	1763276	357916	524526	478729	402105
福建	3832746	344498	1736645	1000246	751357
江西	2041803	320357	710279	563006	448161
山东	3396849	964681	1323412	781514	327242
河南	4261508	449855	1248715	1446590	1116348
湖北	5449364	1912174	2053475	937014	546702
湖南	3639772	456046	1289887	1087927	805913
广东	3728171	481965	1842289	791356	612561
广西	1263006	279418	415479	375046	193064
海南	207632	7497	89331	60746	50059
重庆	2379434	97095	612245	830823	839271
四川	3650958	319485	1180755	1333716	817003
贵州	825150	159450	193490	314360	157849
云南	1765727	299414	276045	597235	593032
西藏	90325	110	1473	68955	19786
陕西	1739194	384888	473455	716514	164337
甘肃	671424	47086	212910	242528	168900
青海	117346	12971	29326	42247	32802
宁夏	167356	7461	34565	81636	43694
新疆	664542	20787	251218	203880	188657

4-31 各地区按资质等级划分的总承包建筑业企业主营业务收入

单位：万元

地 区	合计	特级	一级	二级	三级及以下
全国总计	**2050170387**	**688935901**	**772342960**	**359152245**	**229739281**
北 京	131879194	89068795	36545108	2935892	3329399
天 津	37630626	17293405	15737236	2275349	2324635
河 北	46357305	8472084	23399102	10927610	3558508
山 西	42983678	17382844	15164737	6659344	3776753
内蒙古	12572446	1976288	4137314	3775390	2683454
辽 宁	28881237	3980702	11702889	6275889	6921757
吉 林	16012282	1104290	5515845	4829218	4562930
黑龙江	11935445	2345480	4630576	3477366	1482023
上 海	88574766	49039938	23877153	10572257	5085417
江 苏	243346367	103617894	74357216	41581602	23789656
浙 江	153752558	54946462	62544171	22033671	14228254
安 徽	62873836	21166103	20431646	10970972	10305115
福 建	98637609	14876874	45772644	22559753	15428339
江 西	57049059	10097249	27188253	11123093	8640465
山 东	121075507	42422606	46646438	22728273	9278190
河 南	97334654	27268250	33145780	20953374	15967250
湖 北	151394890	70299917	54509480	17304924	9280569
湖 南	88426341	24022926	35949299	16632409	11821708
广 东	141134611	29145740	76842675	18987725	16158472
广 西	39537416	11372749	15329360	8208026	4627281
海 南	4207015	153399	2098456	1174888	780272
重 庆	61386425	4928661	25761778	15820974	14875012
四 川	106257965	21968479	42072438	27482326	14734723
贵 州	32511972	11704726	10707616	6905130	3194501
云 南	47795746	13389272	13983303	10126487	10296683
西 藏	3417587	1944	142778	2744599	528267
陕 西	69486741	29340348	21472865	14772225	3901302
甘 肃	20180262	2845745	8760417	5235577	3338523
青 海	5212483	1907407	1176481	1427286	701309
宁 夏	5820280	117814	2010537	2559767	1132163
新 疆	22504084	2677512	10729368	6090853	3006352

4-32 各地区按资质等级划分的总承包建筑业企业管理费用

单位：万元

地　区	合计	特级	一级	二级	三级及以下
全国总计	**53976910**	**12803114**	**18520253**	**12534163**	**10119381**
北　京	3197350	1582840	1112478	237957	264075
天　津	1028373	316880	428900	125832	156763
河　北	1457286	288175	711118	328006	129986
山　西	1494724	536613	500547	239401	218163
内蒙古	445617	58062	157031	136578	93946
辽　宁	1118026	139495	358993	264881	354657
吉　林	487418	26431	122491	163343	175153
黑龙江	445378	50894	172744	152860	68881
上　海	2133241	732781	647752	410483	342226
江　苏	5793789	1423595	1805056	1435947	1129191
浙　江	3406875	780231	1244090	684254	698300
安　徽	1547798	450274	372250	328688	396585
福　建	2569011	197922	953891	745904	671294
江　西	1347921	153691	586523	306768	300938
山　东	3389033	764183	1116637	1007797	500417
河　南	2774188	617920	877822	768669	509778
湖　北	4132698	1649961	1393193	680334	409210
湖　南	2566376	644047	881185	572502	468641
广　东	3407112	506833	1561046	574037	765196
广　西	1028742	193600	440672	221076	173394
海　南	76331	2747	26178	24853	22554
重　庆	1641860	77742	512663	476113	575342
四　川	3133229	521170	1010216	952742	649101
贵　州	718194	176597	215827	184030	141741
云　南	1193862	183925	267632	339504	402801
西　藏	105124	252	5781	73264	25826
陕　西	1728288	501514	491055	582940	152779
甘　肃	520117	58896	187942	162632	110647
青　海	188278	65341	37665	47363	37909
宁　夏	191187	4331	45490	89739	51627
新　疆	709486	96174	275385	215668	122259

4-33 各地区按资质等级划分的总承包建筑业企业财务费用

单位：万元

地区	合计	特级	一级	二级	三级及以下
全国总计	**14013623**	**5146128**	**5629915**	**2013156**	**1224424**
北京	1167496	927129	235472	2373	2522
天津	349918	175165	153907	18101	2745
河北	396711	87173	219568	65787	24183
山西	304314	188478	76151	26499	13186
内蒙古	176149	43743	37980	53491	40935
辽宁	327855	63907	158811	55519	49617
吉林	156136	10779	60693	53378	31286
黑龙江	64331	21961	33298	6166	2907
上海	208098	128103	63232	4076	12687
江苏	1570939	683756	476536	264025	146622
浙江	806649	324949	335009	105807	40884
安徽	440175	168341	163862	64437	43535
福建	392055	108854	190629	57397	35175
江西	292790	76649	135180	41318	39643
山东	887594	253508	411192	157434	65461
河南	644743	173454	225140	127195	118954
湖北	800969	395812	270748	82586	51823
湖南	426272	110929	189084	71940	54318
广东	1110325	226718	696032	116068	71507
广西	301252	103606	159660	25264	12722
海南	10712	712	3042	1820	5138
重庆	565346	31073	332101	119344	82829
四川	871300	248980	338587	184184	99549
贵州	368736	96756	187669	37400	46911
云南	514705	191309	165809	96423	61164
西藏	20104	9	1240	13951	4905
陕西	411561	205286	127713	61358	17205
甘肃	160387	16235	74691	39273	30187
青海	32105	12623	12761	5712	1009
宁夏	30453	13	9319	17216	3905
新疆	203446	70117	84802	37615	10912

4-34 各地区按资质等级划分的总承包建筑业企业应收工程款

单位：万元

地 区	合计	特级	一级	二级	三级及以下
全国总计	**513780998**	**147184788**	**210214956**	**97590040**	**58791214**
北 京	32886128	18383020	12808187	777893	917027
天 津	13918933	5242349	6562388	1170275	943920
河 北	16359056	3203478	7528057	4424690	1202831
山 西	16297486	6261987	5738201	2601353	1695946
内蒙古	6330329	915138	2355418	1504921	1554852
辽 宁	13796657	2407233	5301589	3229683	2858152
吉 林	8890263	641557	3410380	2722936	2115390
黑龙江	6126290	1549768	2630709	1375457	570356
上 海	19739376	9168465	7101305	2165752	1303854
江 苏	51847314	16234589	16445762	11975903	7191060
浙 江	28841938	9619080	11784032	4282893	3155933
安 徽	15640377	5707366	4653392	2740924	2538695
福 建	11456631	1441834	4905231	2627526	2482040
江 西	11605629	1490203	6548814	2043576	1523036
山 东	37175894	10152398	15403848	8312211	3307438
河 南	19524845	4462939	8463048	4098254	2500604
湖 北	29005784	11541989	11347583	4157709	1958503
湖 南	14005307	3955504	5730544	2621531	1697729
广 东	34821248	5402023	21629064	4330391	3459770
广 西	6806132	1019149	3297363	1517535	972085
海 南	1088830	5205	532594	268421	282611
重 庆	14477864	1539438	7366043	3240053	2332330
四 川	24464240	5307546	9907486	6217044	3032164
贵 州	15302117	4303331	5794981	3345357	1858447
云 南	15262553	4027817	5474936	2975124	2784676
西 藏	1601095	393	59564	1327583	213556
陕 西	24740995	10572224	8464731	4644071	1059968
甘 肃	7639157	829138	3599360	1829745	1380913
青 海	1243617	305100	302226	443159	193132
宁 夏	3078654	44405	818998	1715263	499989
新 疆	9806261	1450125	4249122	2902808	1204207

4-35 各地区专业承包建筑业企业签订合同情况

单位：万元

地　区	签订合同额	上年结转合同额	本年新签合同额
全国总计	**353785663**	**113018368**	**240767294**
北　京	25307088	9423250	15883838
天　津	9608384	2518543	7089842
河　北	4532569	1394628	3137941
山　西	5079041	2108945	2970096
内蒙古	681956	178084	503873
辽　宁	9645701	3102320	6543381
吉　林	3266433	849735	2416699
黑龙江	1962411	536249	1426162
上　海	15942029	6019652	9922377
江　苏	43606236	12890330	30715906
浙　江	29388409	8651135	20737275
安　徽	12362692	3496687	8866005
福　建	15437741	4229942	11207799
江　西	5583178	1695673	3887505
山　东	16152908	3036031	13116876
河　南	15535095	2639940	12895155
湖　北	13973788	4842177	9131611
湖　南	13488757	4723934	8764823
广　东	60006617	22808070	37198548
广　西	3378231	1177066	2201165
海　南	579496	169211	410285
重　庆	8854666	2879791	5974875
四　川	18665429	7339668	11325761
贵　州	3845914	1642134	2203780
云　南	5375858	1483438	3892420
西　藏	60368	21087	39281
陕　西	6991391	2006802	4984589
甘　肃	1876083	485737	1390346
青　海	468262	66497	401765
宁　夏	494442	166153	328289
新　疆	1634492	435463	1199028

4-36 各地区专业承包建筑业企业承包工程完成情况

单位：万元

地　区	直接从建设单位承揽工程完成的产值	自行完成施工产值	分包出去工程的产值	从建设单位以外承揽工程完成的产值
全国总计	**217811381**	**210015470**	**7795911**	**25472571**
北　京	12345727	11393680	952047	4291310
天　津	6103290	5378240	725050	943522
河　北	3019693	2976592	43101	178549
山　西	2996005	2968751	27254	157615
内蒙古	448630	447178	1453	11415
辽　宁	6242089	6142683	99406	184481
吉　林	2066725	2048392	18333	148056
黑龙江	1307855	1297391	10464	45494
上　海	8652176	8232406	419771	1709066
江　苏	29035151	28831489	203662	6318346
浙　江	18350450	17992743	357707	2552630
安　徽	8938638	8701074	237565	477760
福　建	9786374	9711025	75349	477220
江　西	3669715	3481972	187744	589193
山　东	12163517	11977082	186436	654704
河　南	12399612	12117439	282173	929453
湖　北	8547119	8396228	150891	409057
湖　南	7890364	7809686	80678	358270
广　东	33350253	30347012	3003241	2599042
广　西	1706955	1648452	58503	238659
海　南	363017	361829	1188	3971
重　庆	5871340	5607358	263982	567740
四　川	10505235	10310833	194402	582717
贵　州	1183433	1164715	18718	211200
云　南	3505842	3494341	11501	204878
西　藏	50318	49986	332	588
陕　西	4296761	4178268	118493	556993
甘　肃	1153155	1134552	18602	26093
青　海	336761	329529	7232	1285
宁　夏	373316	369472	3845	2637
新　疆	1151865	1115075	36790	40628

4-37 各地区专业承包企业建筑业总产值和竣工产值

单位：万元

地区	建筑业总产值	#装饰装修产值	#在外省完成的产值	按构成分组			竣工产值
				建筑工程产值	安装工程产值	其他产值	
全国总计	**235488041**	**63952455**	**67203703**	**164057837**	**57538535**	**13891670**	**116997220**
北京	15684990	5918324	8200700	13955128	1566292	163570	8133135
天津	6321762	556100	1134694	4046264	1685554	589944	3748341
河北	3155141	575088	764985	1968419	904046	282676	1667418
山西	3126367	343746	787463	2125505	731497	269365	1478055
内蒙古	458592	27644	13483	220718	208759	29116	202675
辽宁	6327163	1411441	1089079	3777197	2178221	371746	2945484
吉林	2196448	270498	166537	1016234	1033921	146293	1423243
黑龙江	1342885	236245	411675	875668	332799	134418	818649
上海	9941472	4151243	3865322	7258624	2548834	134013	5277272
江苏	35149835	13915755	13525545	28278620	6463914	407301	24420594
浙江	20545373	6584091	4537818	13826471	5427208	1291694	10059127
安徽	9178833	1084312	2465643	5041816	2504234	1632783	3742925
福建	10188245	2095817	3804530	7890824	2145517	151904	4055073
江西	4071165	1094450	1492603	3052638	806040	212487	1917924
山东	12631786	4442118	2347870	8246012	3509157	876617	5778674
河南	13046891	1968303	2011412	8725728	3319337	1001827	6563401
湖北	8805285	1376815	1744196	5978499	2234076	592710	4701698
湖南	8167956	1320551	3144572	4466785	2758065	943106	4685856
广东	32946053	12645548	10299169	22498584	8459347	1988123	11934265
广西	1887111	181011	59818	1132665	603996	150451	660980
海南	365800	75145	24363	88016	248544	29241	114894
重庆	6175098	1068253	1454080	3799402	1661913	713783	2479075
四川	10893550	1133547	2329257	7154023	2943822	795706	4385672
贵州	1375915	90943	95439	835382	400990	139543	452039
云南	3699219	476345	209431	2279541	1117274	302405	1964815
西藏	50574	587		36769	9765	4040	40621
陕西	4735261	595876	1004067	3446041	901455	387765	1873633
甘肃	1160645	166023	42269	857605	269566	33474	465448
青海	330814	11561	95195	256073	64776	9966	172101
宁夏	372109	33027	55785	259915	107490	4704	164744
新疆	1155703	102049	26702	662672	392129	100902	669390

4-38 各地区专业承包建筑业企业房屋建筑面积

地　区	房　屋 施工面积 (万平方米)	#本年新开工	房　屋 竣工面积 (万平方米)	房屋竣工率 (%)
全国总计	**25320**	**11786**	**11157**	**44.1**
北　京	437	150	88	20.1
天　津	1014	292	206	20.3
河　北	328	173	159	48.6
山　西	186	113	114	61.3
内蒙古	21	17	5	23.6
辽　宁	207	78	90	43.5
吉　林	186	108	162	87.1
黑龙江	31	18	17	55.3
上　海	488	267	256	52.5
江　苏	3116	891	516	16.6
浙　江	4147	2483	2011	48.5
安　徽	1433	609	699	48.8
福　建	1986	728	1008	50.7
江　西	832	537	414	49.7
山　东	1524	876	913	59.9
河　南	1040	602	525	50.5
湖　北	954	530	441	46.2
湖　南	944	383	395	41.8
广　东	1943	602	760	39.1
广　西	129	50	78	60.3
海　南	3			
重　庆	1319	506	618	46.9
四　川	1485	990	956	64.3
贵　州	261	197	36	13.7
云　南	464	211	314	67.6
西　藏	12	12	11	86.8
陕　西	531	256	239	45.0
甘　肃	83	17	46	55.7
青　海	7	7		6.3
宁　夏	17	7	3	17.9
新　疆	193	77	79	41.2

4−39 各地区按主要用途分的专业承包建筑业企业房屋竣工面积

单位：万平方米

地区	总计	住宅房屋	商业及服务用房屋	办公用房屋	科研、教育和医疗用房屋
全国总计	**11157**	**4941**	**962**	**563**	**258**
北京	88	60	2		5
天津	206	146	4	34	1
河北	159	101	4	6	5
山西	114	9	24	4	5
内蒙古	5				
辽宁	90	35	10	3	4
吉林	162	110	18	7	1
黑龙江	17	4	1	2	1
上海	256	5	4	1	1
江苏	516	230	56	19	15
浙江	2011	314	70	40	15
安徽	699	249	60	58	35
福建	1008	639	38	94	17
江西	414	165	38	23	14
山东	913	349	61	95	29
河南	525	196	27	12	6
湖北	441	146	166	10	7
湖南	395	234	73	11	23
广东	760	512	39	31	16
广西	78	25	1	4	3
海南					
重庆	618	445	55	13	8
四川	956	664	77	24	21
贵州	36	12	18	1	1
云南	314	118	78	12	19
西藏	11	10			
陕西	239	100	28	57	1
甘肃	46	22	3	1	2
青海					
宁夏	3				
新疆	79	42	7	1	5

4-39 续表 单位：万平方米

地　区	文化、体育和娱乐用房屋	厂房及建筑物	仓　库	其他未列明的房屋建筑物
全国总计	**122**	**3712**	**80**	**520**
北　京	3	19		
天　津	1	17		4
河　北		40	1	4
山　西		67		4
内蒙古				5
辽　宁	2	27		9
吉　林		18		9
黑龙江		7		
上　海		246		
江　苏	26	150	7	12
浙　江	20	1377	18	157
安　徽	4	228	22	44
福　建	28	177	4	12
江　西	10	137	2	25
山　东	4	343	10	23
河　南	1	250	9	26
湖　北	1	83		27
湖　南		39	1	13
广　东	3	140	1	18
广　西		25		20
海　南				
重　庆	3	75		20
四　川	3	132	1	34
贵　州		3		1
云　南	13	63	3	8
西　藏				
陕　西		45		8
甘　肃		3	1	14
青　海				
宁　夏		3		
新　疆		1		23

4-40 各地区按主要用途分的专业承包建筑业企业房屋竣工价值

单位：万元

地区	总计	住宅房屋	商业及服务用房屋	办公用房屋	科研、教育和医疗用房屋
全国总计	**16186337**	**7695616**	**2508963**	**635023**	**412887**
北京	94119	49542	1621	378	11556
天津	311118	217963	8674	56234	2420
河北	82462	33316	1961	5842	5209
山西	77084	5237	10217	5031	1995
内蒙古	2312			401	
辽宁	73535	31632	4104	11877	2461
吉林	115503	79121	5075	6761	1413
黑龙江	22825	7463	3127	3943	425
上海	160146	8852	4552	1495	700
江苏	640424	277166	63418	27785	30694
浙江	2079568	472211	114718	67024	31568
安徽	634039	228067	47952	52605	25607
福建	1012327	562749	76477	95299	36241
江西	444575	181418	45469	36979	15574
山东	610068	228256	41435	16577	14128
河南	4805814	2443778	1275130	47773	15492
湖北	677682	181998	294064	10738	18006
湖南	716744	399888	154736	22597	60569
广东	1096557	810086	66066	45607	24859
广西	87630	25079	717	2882	2136
海南					
重庆	415982	266606	59733	7270	5356
四川	1290461	857760	137728	53689	37059
贵州	58502	15800	31397	2633	1194
云南	254686	123746	28760	3947	28874
西藏	18038	17138		400	
陕西	220113	117112	16153	47340	1952
甘肃	65520	17296	2267	623	4235
青海	1336	301	40		50
宁夏	9725	677	63		
新疆	107443	35360	13311	1294	33112

4-40 续表 单位：万元

地　区	文化、体育和娱乐用房屋	厂房及建筑物	仓　库	其他未列明的房屋建筑物
全国总计	**212825**	**3950803**	**62691**	**707530**
北　京	7788	22679		555
天　津	1648	19033	213	4934
河　北	85	29891	800	5358
山　西	1141	45802	176	7483
内蒙古	530	85		1296
辽　宁	754	16051	201	6456
吉　林		14428		8705
黑龙江	173	6985	497	213
上　海		144548		
江　苏	22386	191240	10043	17691
浙　江	45747	1122673	12812	212817
安　徽	2082	215387	10518	51821
福　建	55922	171438	2613	11587
江　西	16428	130284	2550	15874
山　东	11619	257261	5575	35218
河　南	16216	960618	5591	41217
湖　北	2107	122503	292	47973
湖　南		53786	2318	22848
广　东	8334	113676	778	27152
广　西		24047		32771
海　南				
重　庆	1107	51175	16	24719
四　川	4108	154119	624	45372
贵　州		3008		4469
云　南	13318	44801	1348	9892
西　藏				500
陕　西	631	20690	936	15301
甘　肃	459	4789	3872	31980
青　海	197			748
宁　夏	45	8941		
新　疆		866	920	22580

4-41 各地区专业承包建筑业企业主要生产效益指标

地区	建筑业企业个数(个)	从事建筑业活动的平均人数(人)	按总产值计算的劳动生产率(元/人)	人均竣工产值(元/人)	人均施工面积(平方米/人)	人均竣工面积(平方米/人)
全国总计	**32375**	**7071142**	**333027**	**165457**	**35.8**	**15.8**
北京	1737	371784	421885	218760	11.7	2.4
天津	1076	339249	186346	110489	29.9	6.1
河北	651	76259	413740	218652	43.0	20.9
山西	1187	95008	329064	155572	19.5	12.0
内蒙古	145	11813	388210	171569	18.0	4.2
辽宁	2469	189817	333330	155175	10.9	4.8
吉林	828	58132	377838	244830	32.1	27.9
黑龙江	518	36720	365709	222944	8.3	4.6
上海	1108	206063	482448	256100	23.7	12.4
江苏	3477	1144345	307161	213402	27.2	4.5
浙江	1985	582980	352420	172547	71.1	34.5
安徽	1184	256161	358323	146116	56.0	27.3
福建	1406	360014	282996	112637	55.2	28.0
江西	397	296490	137312	64688	28.1	13.9
山东	2218	332364	380059	173866	45.9	27.5
河南	2520	369692	352913	177537	28.1	14.2
湖北	1199	171333	513928	274419	55.7	25.7
湖南	650	267936	304847	174887	35.2	14.7
广东	2811	805072	409231	148239	24.1	9.4
广西	268	51022	369862	129548	25.2	15.2
海南	50	7564	483607	151896	3.4	
重庆	953	280464	220174	88392	47.0	22.0
四川	1182	361622	301241	121278	41.1	26.4
贵州	205	33749	407691	133942	77.3	10.6
云南	756	127351	290474	154284	36.4	24.6
西藏	15	7098	71251	57229	17.3	15.0
陕西	572	146800	322566	127632	36.1	16.3
甘肃	309	26550	437154	175310	31.3	17.4
青海	94	12630	261927	136264	5.6	0.4
宁夏	133	10788	344929	152710	15.5	2.8
新疆	272	34272	337215	195317	56.3	23.2

4-42 各地区专业承包建筑业企业资产构成

单位：万元

地区	资产合计	#流动资产合计	#存货
全国总计	**262130612**	**218123246**	**32313088**
北京	22710264	19422099	1998943
天津	12887608	9246998	1436062
河北	4963661	3933233	773107
山西	5031707	4319727	462804
内蒙古	1097080	621452	99915
辽宁	12768550	9696004	1096092
吉林	3234089	2676265	262601
黑龙江	2722708	2288386	272433
上海	12628870	11247954	1868651
江苏	34506119	28740142	4649708
浙江	19816091	15998597	3197068
安徽	7391769	5940540	880148
福建	7552461	6237977	1071083
江西	2597970	2076255	376226
山东	13353676	11097950	1974460
河南	11277536	9059924	1069830
湖北	8345132	7190915	1442204
湖南	5559730	4622515	515180
广东	40444877	36001622	4597058
广西	1710596	1470943	231503
海南	451389	394088	34467
重庆	6161095	5537090	913329
四川	9746016	7642817	1403061
贵州	1951453	1705844	176994
云南	3885395	3067787	444489
西藏	97876	67194	5708
陕西	5054410	4356479	693015
甘肃	1701748	1447577	140617
青海	344553	292402	28172
宁夏	574441	426629	60909
新疆	1561743	1295842	137254

4−43 各地区专业承包建筑业企业固定资产情况

单位：万元

地　区	固定资产原价	固定资产折旧	#本年折旧	在建工程
全国总计	**27254066**	**12669087**	**1943550**	**2176894**
北　京	1518148	760095	102032	67176
天　津	1991609	975764	95884	92574
河　北	576303	297456	33850	35822
山　西	620432	303136	44834	51327
内蒙古	174857	81564	11876	8555
辽　宁	1402074	695331	71859	80395
吉　林	375133	198088	26973	63816
黑龙江	283430	137345	17098	17263
上　海	1187113	600034	73057	60627
江　苏	3753378	1690319	247228	340471
浙　江	2568592	1171545	175059	129543
安　徽	968189	408015	73753	108145
福　建	875208	375186	63698	83640
江　西	289399	138495	34819	34412
山　东	1724751	688550	99485	148661
河　南	1568982	643439	179783	160086
湖　北	931443	443762	75686	85420
湖　南	766860	330185	86016	42160
广　东	2090938	923844	143498	187715
广　西	201891	114986	19955	11761
海　南	43931	24063	5685	1412
重　庆	455087	226264	28431	44662
四　川	1041976	527958	59995	147305
贵　州	126958	53161	9874	5178
云　南	584958	314658	53381	47312
西　藏	32046	2365	441	543
陕　西	417460	199743	30050	60359
甘　肃	183077	87654	12648	28768
青　海	44678	26102	3246	2096
宁　夏	148834	67475	8306	23784
新　疆	306332	162507	55051	5907

4-44 各地区专业承包建筑业企业负债及所有者权益

单位：万元

地区	负债合计	#流动负债	#应付账款	所有者权益	#实收资本
全国总计	**164946313**	**151537114**	**63679144**	**97184477**	**51469882**
北京	16529859	15872025	7059832	6180405	4225370
天津	6850249	5584150	2802558	6037359	1970506
河北	3021410	2773685	1165707	1942251	1095915
山西	3031490	2916815	1336100	2000217	1407360
内蒙古	468675	449131	217807	628405	166823
辽宁	7988576	6300483	1988970	4779973	2654116
吉林	1710919	1549742	515616	1523170	921565
黑龙江	1432404	1267215	487488	1290304	679450
上海	8634647	8384746	3776027	3994223	2056012
江苏	19826964	18658783	8636813	14679155	6225745
浙江	12758917	12179027	5105975	7057351	3779889
安徽	4360922	3759037	1416557	3030847	1395197
福建	3699461	3408320	1185715	3853001	2534189
江西	1412445	1207869	435118	1185525	693492
山东	8956928	8558642	3488548	4396748	2674600
河南	5406948	4966667	1747591	5870588	3817554
湖北	5356572	5021136	2239382	2988561	1640168
湖南	3627190	3395493	1410243	1932540	1127739
广东	27632747	24652402	9885797	12812130	5374229
广西	1169655	1080427	448089	540941	354901
海南	255250	251579	141195	196139	99007
重庆	4101817	3711391	1621941	2059278	1032278
四川	6521339	5996823	2434806	3224678	2170109
贵州	1471560	1396615	568853	479892	264701
云南	2390893	2225873	832917	1494503	958985
西藏	43778	40701	6316	54098	47053
陕西	3559205	3337022	1535688	1495204	990561
甘肃	1056185	1017800	375012	645563	441873
青海	217099	192726	108764	127454	107133
宁夏	333878	312270	110297	240563	182895
新疆	1118332	1068520	593425	443411	380466

4-45 各地区专业承包建筑业企业收入情况

单位：万元

地区	主营业务收入	#主营业务成本	#主营业务税金及附加	其他业务收入	#其他业务利润
全国总计	**241497576**	**212444374**	**1735156**	**7645875**	**259159**
北京	19273682	17112113	62930	349659	63778
天津	7457040	6700815	30349	4204332	10782
河北	3514276	3152223	17991	48465	5578
山西	3309031	2907461	15207	90495	6089
内蒙古	521965	433906	4598	37477	1472
辽宁	6342541	5378978	38421	280591	5286
吉林	2351498	2022071	17607	46251	2625
黑龙江	1558224	1333998	7778	47349	782
上海	12105594	10764767	38587	124845	4503
江苏	35243416	30795052	267595	310123	42909
浙江	19649841	17679927	77251	261103	27219
安徽	8213919	7183667	81103	145711	7068
福建	9234191	8069567	121617	138223	5957
江西	3982990	3494822	95258	55244	3082
山东	13262351	11799390	90537	164414	10942
河南	11645865	9802893	195763	412216	7404
湖北	8171612	7164589	83143	110925	5157
湖南	8073519	7212790	101814	27764	3649
广东	36434680	31703890	143323	189682	15606
广西	1991314	1789053	10086	43943	4508
海南	402341	354658	2010	21701	
重庆	6501849	5865252	39229	116588	3866
四川	9307646	8241746	94747	143871	9317
贵州	1420023	1260075	6264	35386	981
云南	3480969	2960110	33748	102696	3135
西藏	75600	61034	1524		
陕西	4695447	4250852	37196	16203	3336
甘肃	1235167	1060469	9997	10012	178
青海	336139	329986	1466	33906	64
宁夏	435359	384857	2706	8482	963
新疆	1269490	1173364	5314	68221	2924

4-46 各地区专业承包建筑业企业费用情况

单位：万元

地　区	管理费用	销售费用	研发费用	财务费用	#利息收入	#利息支出
全国总计	**13531431**	**2340020**	**2089453**	**1583871**	**196570**	**1163344**
北　京	1129176	377752	202843	84034	39098	96595
天　津	1153650	58518	99138	24721	4518	19407
河　北	185995	18088	21184	18049	4113	14064
山　西	256632	28567	35096	13194	21631	12928
内蒙古	67585	2499	913	680	368	711
辽　宁	565497	56571	26788	46689	4574	31230
吉　林	183743	11606	3806	15903	323	6699
黑龙江	121942	7381	13514	14069	1058	4057
上　海	682792	121832	133945	49664	8150	35307
江　苏	1631060	346751	277652	222854	18861	165164
浙　江	987558	177694	184866	130972	9650	192227
安　徽	444959	135055	38567	31548	5502	18106
福　建	495528	98854	26952	43988	2896	24050
江　西	187061	25995	8925	14717	2107	6543
山　东	667967	107765	100652	85076	2911	47113
河　南	696086	125898	48378	76421	193	27058
湖　北	407343	82618	67639	50159	5208	33368
湖　南	340594	39811	63815	24271	5146	17048
广　东	1647360	292768	598331	461157	10385	296948
广　西	126639	10394	3468	9800	1717	9191
海　南	27436	1783		1555	13	1059
重　庆	323927	35873	16671	31024	7817	21552
四　川	424251	81808	55476	54261	3845	32265
贵　州	81063	6250	7344	6418	655	4083
云　南	261350	38946	18572	32264	1762	16679
西　藏	4759	2174		331	4	47
陕　西	208326	25378	26586	20033	4140	14291
甘　肃	84005	12383	4117	9719	12059	7382
青　海	24501	2280	75	1164	47	326
宁　夏	35937	1678	586	2554	16948	2068
新　疆	76712	5049	3554	6585	869	5778

4-47 各地区专业承包建筑业企业利润及税金情况

单位：万元

地　区	利润总额	#应交所得税	税金总额	主营业务税金及附加	应交增值税
全国总计	**9844256**	**1788426**	**7409598**	**1735156**	**5674443**
北　京	275398	78091	388621	62930	325691
天　津	488502	80877	189355	30349	159006
河　北	117504	24178	99573	17991	81583
山　西	133438	17285	80515	15207	65308
内蒙古	26648	5147	16650	4598	12052
辽　宁	247413	48521	215907	38421	177486
吉　林	115831	25287	86470	17607	68863
黑龙江	261636	13069	52835	7778	45058
上　海	363546	67694	264829	38587	226242
江　苏	1740426	327593	1198158	267595	930563
浙　江	604055	121161	493910	77251	416659
安　徽	356899	57616	293933	81103	212830
福　建	406728	95265	336692	121617	215075
江　西	160063	30756	188467	95258	93209
山　东	474666	74414	362222	90537	271685
河　南	836922	122541	575646	195763	379883
湖　北	346819	84218	307426	83143	224283
湖　南	325890	56098	300886	101814	199072
广　东	1438860	270286	926292	143323	782969
广　西	42658	11368	62512	10086	52426
海　南	23613	5168	16191	2010	14181
重　庆	246450	38531	190947	39229	151719
四　川	353482	47170	337067	94747	242321
贵　州	61347	10957	36417	6264	30152
云　南	161912	28536	118819	33748	85071
西　藏	5766	459	3075	1524	1552
陕　西	131184	21932	159410	37196	122214
甘　肃	62940	10021	40340	9997	30342
青　海	1764	750	13405	1466	11938
宁　夏	9222	2557	16978	2706	14272
新　疆	22677	10880	36051	5314	30738

4-48 各地区专业承包建筑业企业应收工程款及企业亏损情况

地　区	应收工程款(万元)	企业个数(个)	#亏损企业个数	亏损企业的比重(%)
全国总计	**86352475**	**32375**	**5846**	**18.1**
北　京	6973303	1737	468	26.9
天　津	3926279	1076	220	20.5
河　北	1483405	651	121	18.6
山　西	1612936	1187	286	24.1
内蒙古	250858	145	34	23.5
辽　宁	3081257	2469	662	26.8
吉　林	1143350	828	147	17.8
黑龙江	638990	518	149	28.8
上　海	4485696	1108	232	20.9
江　苏	12782002	3477	299	8.6
浙　江	6202771	1985	384	19.4
安　徽	2518096	1184	152	12.8
福　建	2275314	1406	191	13.6
江　西	648036	397	39	9.8
山　东	4900599	2218	360	16.2
河　南	3632876	2520	357	14.2
湖　北	2847672	1199	162	13.5
湖　南	1894060	650	74	11.4
广　东	13999157	2811	510	18.1
广　西	571543	268	63	23.5
海　南	146888	50	14	28.0
重　庆	2307145	953	151	15.8
四　川	2855595	1182	190	16.1
贵　州	738883	205	54	26.3
云　南	1143557	756	204	27.0
西　藏	18076	15		
陕　西	1761809	572	101	17.7
甘　肃	551698	309	79	25.6
青　海	150264	94	34	36.2
宁　夏	191029	133	40	30.1
新　疆	619332	272	69	25.4

4-49 各地区专业承包建筑业企业主要经济效益指标

地　区	产值利润率 (%)	产值利税率 (%)	资本利润率 (%)	资本利税率 (%)	人均利润 (元/人)	人均利税 (元/人)	资产负债率 (%)
全国总计	**4.2**	**7.3**	**19.1**	**33.5**	**13922**	**24400**	**62.9**
北　京	1.8	4.2	6.5	15.7	7408	17860	72.8
天　津	7.7	10.7	24.8	34.4	14400	19981	53.2
河　北	3.7	6.9	10.7	19.8	15409	28466	60.9
山　西	4.3	6.8	9.5	15.2	14045	22519	60.2
内蒙古	5.8	9.4	16.0	26.0	22558	36653	42.7
辽　宁	3.9	7.3	9.3	17.5	13034	24409	62.6
吉　林	5.3	9.2	12.6	22.0	19926	34800	52.9
黑龙江	19.5	23.4	38.5	46.3	71252	85640	52.6
上　海	3.7	6.3	17.7	30.6	17643	30494	68.4
江　苏	5.0	8.4	28.0	47.2	15209	25679	57.5
浙　江	2.9	5.3	16.0	29.0	10362	18834	64.4
安　徽	3.9	7.1	25.6	46.6	13933	25407	59.0
福　建	4.0	7.3	16.0	29.3	11298	20650	49.0
江　西	3.9	8.6	23.1	50.3	5399	11755	54.4
山　东	3.8	6.6	17.7	31.3	14282	25180	67.1
河　南	6.4	10.8	21.9	37.0	22638	38209	47.9
湖　北	3.9	7.4	21.1	39.9	20242	38186	64.2
湖　南	4.0	7.7	28.9	55.6	12163	23393	65.2
广　东	4.4	7.2	26.8	44.0	17872	29378	68.3
广　西	2.3	5.6	12.0	29.6	8361	20613	68.4
海　南	6.5	10.9	23.9	40.2	31218	52623	56.5
重　庆	4.0	7.1	23.9	42.4	8787	15596	66.6
四　川	3.2	6.3	16.3	31.8	9775	19096	66.9
贵　州	4.5	7.1	23.2	36.9	18177	28968	75.4
云　南	4.4	7.6	16.9	29.3	12714	22044	61.5
西　藏	11.4	17.5	12.3	18.8	8123	12455	44.7
陕　西	2.8	6.1	13.2	29.3	8936	19795	70.4
甘　肃	5.4	8.9	14.2	23.4	23706	38900	62.1
青　海	0.5	4.6	1.6	14.2	1396	12010	63.0
宁　夏	2.5	7.0	5.0	14.3	8548	24286	58.1
新　疆	2.0	5.1	6.0	15.4	6617	17136	71.6

4-50 各地区按资质等级划分的专业承包建筑业企业单位数

单位：个

地区	合计	一级	二级	三级及以下
全国总计	**32375**	**6005**	**13907**	**12463**
北京	1737	493	900	344
天津	1076	169	412	495
河北	651	136	242	273
山西	1187	139	505	543
内蒙古	145	22	63	60
辽宁	2469	276	726	1467
吉林	828	74	283	471
黑龙江	518	86	301	131
上海	1108	265	527	316
江苏	3477	599	1270	1608
浙江	1985	471	1002	512
安徽	1184	173	532	479
福建	1406	275	791	340
江西	397	74	170	153
山东	2218	404	1023	791
河南	2520	454	1222	844
湖北	1199	257	505	437
湖南	650	196	216	238
广东	2811	617	1146	1048
广西	268	52	101	115
海南	50	19	18	13
重庆	953	166	308	479
四川	1182	168	658	356
贵州	205	30	85	90
云南	756	102	300	354
西藏	15	6	8	1
陕西	572	178	230	164
甘肃	309	36	158	115
青海	94	3	41	50
宁夏	133	18	72	43
新疆	272	47	92	133

4-51 各地区按资质等级划分的专业承包建筑业企业从业人员

单位：人

地区	合计	一级	二级	三级及以下
全国总计	**5675638**	**2283431**	**1614844**	**1777363**
北京	147370	80756	50201	16413
天津	410853	27875	36962	346016
河北	71952	31113	19791	21048
山西	80503	25793	26605	28105
内蒙古	10712	1841	5373	3498
辽宁	151503	37317	39971	74215
吉林	57204	10666	17967	28571
黑龙江	31434	10294	15608	5532
上海	139247	77972	36307	24968
江苏	704896	295955	183683	225258
浙江	517916	286234	171423	60259
安徽	246931	68491	103326	75114
福建	340797	169992	108710	62095
江西	72913	24708	32184	16021
山东	315774	142203	93702	79869
河南	333869	139636	115701	78532
湖北	200843	72154	83627	45062
湖南	250764	88451	74367	87946
广东	663029	402388	136258	124383
广西	43267	18189	14509	10569
海南	7209	2692	3735	782
重庆	270438	55191	32509	182738
四川	292660	98686	123530	70444
贵州	31143	6560	12921	11662
云南	103442	30314	30643	42485
西藏	1738	548	1145	45
陕西	108076	61263	18805	28008
甘肃	24626	6190	8590	9846
青海	8236	1075	2682	4479
宁夏	9489	2185	3539	3765
新疆	26804	6699	10470	9635

4-52 各地区按资质等级划分的专业承包企业建筑业总产值

单位：万元

地　区	合计	一级	二级	三级及以下
全国总计	**235488041**	**131644156**	**57543985**	**46299900**
北　京	15684990	11166342	3652886	865762
天　津	6321762	2494481	1341019	2486262
河　北	3155141	1800438	705578	649125
山　西	3126367	1244027	1059659	822680
内蒙古	458592	87454	244735	126404
辽　宁	6327163	2537537	1485633	2303994
吉　林	2196448	649678	736508	810262
黑龙江	1342885	628210	539776	174898
上　海	9941472	6657332	2111124	1173015
江　苏	35149835	21607396	7024949	6517490
浙　江	20545373	12868052	5292098	2385223
安　徽	9178833	3939219	3106187	2133427
福　建	10188245	5487431	2832630	1868184
江　西	4071165	2324819	1127112	619234
山　东	12631786	7429971	3100119	2101696
河　南	13046891	5942449	4401860	2702583
湖　北	8805285	5836419	1691610	1277257
湖　南	8167956	4248563	1870005	2049388
广　东	32946053	21966497	5328258	5651298
广　西	1887111	720921	633244	532947
海　南	365800	174012	139125	52663
重　庆	6175098	2204112	1182704	2788282
四　川	10893550	4449187	4432391	2011972
贵　州	1375915	325871	654913	395131
云　南	3699219	1340313	899095	1459811
西　藏	50574	8932	36542	5100
陕　西	4735261	2491697	1027095	1216469
甘　肃	1160645	371765	366231	422649
青　海	330814	115528	88376	126910
宁　夏	372109	149162	91381	131567
新　疆	1155703	376340	341147	438217

4-53 各地区按资质等级划分的专业承包建筑业企业签订合同额

单位：万元

地 区	合计	一级	二级	三级及以下
全国总计	**353785663**	**208698209**	**82308050**	**62779404**
北 京	25307088	17033109	6604449	1669530
天 津	9608384	4648875	1835121	3124388
河 北	4532569	2714761	995911	821898
山 西	5079041	2302458	1834282	942302
内 蒙 古	681956	130630	394868	156458
辽 宁	9645701	4550617	1901700	3193384
吉 林	3266433	974208	1133126	1159099
黑 龙 江	1962411	912399	838294	211718
上 海	15942029	11170175	2932896	1838958
江 苏	43606236	27961932	8362484	7281819
浙 江	29388409	18415958	7867180	3105272
安 徽	12362692	5126896	4374227	2861568
福 建	15437741	8268932	4557084	2611725
江 西	5583178	3406684	1335938	840556
山 东	16152908	9356065	4122085	2674757
河 南	15535095	7557089	5008613	2969393
湖 北	13973788	10344593	2050241	1578955
湖 南	13488757	7994935	2587357	2906465
广 东	60006617	40597083	9879501	9530034
广 西	3378231	1478313	1190645	709272
海 南	579496	319901	198001	61593
重 庆	8854666	3360109	1739681	3754876
四 川	18665429	10444089	5466890	2754451
贵 州	3845914	1757576	1479869	608469
云 南	5375858	2114926	1220565	2040367
西 藏	60368	11304	43964	5100
陕 西	6991391	4144884	1077543	1768964
甘 肃	1876083	659099	545520	671464
青 海	468262	164494	112229	191539
宁 夏	494442	189550	137820	167072
新 疆	1634492	586564	479967	567960

4-54 各地区按资质等级划分的专业承包建筑业企业竣工产值

单位：万元

地　区	合计	一级	二级	三级及以下
全国总计	**116997220**	**63261827**	**29882224**	**23853169**
北　京	8133135	6060227	1596938	475970
天　津	3748341	1626415	787340	1334586
河　北	1667418	871999	414909	380511
山　西	1478055	535480	456778	485798
内蒙古	202675	36160	101222	65294
辽　宁	2945484	992972	798055	1154457
吉　林	1423243	438204	436312	548727
黑龙江	818649	383604	300554	134491
上　海	5277272	3334331	1226482	716459
江　苏	24420594	15052977	5166097	4201521
浙　江	10059127	5756596	2937566	1364965
安　徽	3742925	1330543	1443000	969382
福　建	4055073	1889000	1193774	972299
江　西	1917924	967245	624689	325990
山　东	5778674	3055859	1598382	1124434
河　南	6563401	3163055	2179288	1221057
湖　北	4701698	3133472	831416	736811
湖　南	4685856	2091251	1257527	1337078
广　东	11934265	7377959	2203901	2352405
广　西	660980	246375	235863	178743
海　南	114894	94359	10130	10405
重　庆	2479075	895671	585479	997925
四　川	4385672	1487630	1919779	978263
贵　州	452039	81470	160258	210312
云　南	1964815	679052	508132	777631
西　藏	40621	911	34610	5100
陕　西	1873633	1220850	332382	320401
甘　肃	465448	95916	183508	186024
青　海	172101	91027	43517	37557
宁　夏	164744	52959	57249	54536
新　疆	669390	218262	257089	194039

4-55 各地区按资质等级划分的专业承包建筑业企业房屋施工面积

单位：万平方米

地区	合计	一级	二级	三级及以下
全国总计	**25320**	**8002**	**10218**	**7100**
北京	437	303	133	
天津	1014	7	387	620
河北	328	153	89	85
山西	186	1	126	59
内蒙古	21	1	19	1
辽宁	207	14	43	151
吉林	186	21	67	98
黑龙江	30	2	23	6
上海	488	372	87	29
江苏	3116	408	1629	1079
浙江	4147	2095	1853	200
安徽	1433	326	639	469
福建	1986	982	473	531
江西	832	216	428	188
山东	1524	610	394	520
河南	1040	298	513	229
湖北	954	543	132	279
湖南	944	385	199	360
广东	1943	218	1286	440
广西	129	59	39	31
海南	3		1	2
重庆	1319	121	168	1030
四川	1485	277	785	424
贵州	261	37	206	18
云南	464	105	286	73
西藏	12	1	11	
陕西	530	285	106	139
甘肃	83		68	15
青海	7		6	1
宁夏	17		8	8
新疆	193	161	15	17

4-56 各地区按资质等级划分的专业承包建筑业企业房屋竣工面积

单位：万平方米

地区	合计	一级	二级	三级及以下
全国总计	**11157**	**4024**	**4064**	**3069**
北京	88	78	10	
天津	206	7	81	118
河北	159	85	60	15
山西	114	1	73	39
内蒙古	5		3	1
辽宁	90	7	46	37
吉林	162	3	73	86
黑龙江	17	1	10	6
上海	256	223	30	3
江苏	516	64	143	309
浙江	2011	947	940	125
安徽	699	183	325	191
福建	1008	553	127	327
江西	414	58	226	130
山东	913	528	187	199
河南	525	140	248	138
湖北	441	230	44	167
湖南	395	123	94	178
广东	760	127	455	178
广西	78	29	23	25
海南				
重庆	618	75	76	468
四川	956	308	452	195
贵州	36	1	22	13
云南	314	66	182	66
西藏	11		11	
陕西	239	122	85	32
甘肃	46		34	13
青海				
宁夏	3		3	
新疆	79	64	7	9

4-57 各地区按资质等级划分的专业承包建筑业企业实收资本

单位：万元

地区	合计	一级	二级	三级及以下
全国总计	**51469882**	**22572051**	**16263672**	**12634159**
北京	4225370	2633025	1144915	447430
天津	1970506	1057873	454653	457980
河北	1095915	409692	339432	346792
山西	1407360	384949	524434	497978
内蒙古	166823	40039	76275	50510
辽宁	2654116	1130638	592250	931228
吉林	921565	150632	330400	440534
黑龙江	679450	210547	307628	161275
上海	2056012	1025610	667041	363361
江苏	6225745	2701011	1781772	1742962
浙江	3779889	1998291	1173475	608124
安徽	1395197	499912	514589	380695
福建	2534189	1108707	925694	499788
江西	693492	233658	303606	156228
山东	2674600	885163	1058029	731408
河南	3817554	1678197	1384098	755260
湖北	1640168	751749	559490	328929
湖南	1127739	518440	295259	314041
广东	5374229	2902592	1259830	1211806
广西	354901	104589	142938	107375
海南	99007	45085	42549	11372
重庆	1032278	408940	307575	315763
四川	2170109	598313	841621	730175
贵州	264701	45728	125319	93654
云南	958985	275527	309754	373704
西藏	47053	2844	15907	28302
陕西	990561	489903	337399	163260
甘肃	441873	118945	201522	121406
青海	107133	7577	40703	58853
宁夏	182895	60833	78935	43127
新疆	380466	93043	126583	160840

4-58 各地区按资质等级划分的专业承包建筑业企业资产

单位：万元

地　区	合计	一级	二级	三级及以下
全国总计	**262130612**	**141692752**	**69527551**	**50910309**
北　京	22710264	16321894	5014245	1374125
天　津	12887608	5625972	4538659	2722977
河　北	4963661	2418025	1450007	1095630
山　西	5031707	1867820	1730366	1433521
内蒙古	1097080	427541	455485	214054
辽　宁	12768550	5374052	3823449	3571050
吉　林	3234089	793622	1040338	1400128
黑龙江	2722708	1058524	914687	749498
上　海	12628870	7721627	3302852	1604390
江　苏	34506119	20608287	6904151	6993681
浙　江	19816091	12485440	4946248	2384402
安　徽	7391769	3056303	2514064	1821402
福　建	7552461	3893983	2141139	1517339
江　西	2597970	1014030	1074984	508955
山　东	13353676	6049745	4428991	2874941
河　南	11277536	5554891	3789700	1932945
湖　北	8345132	5488644	1724399	1132090
湖　南	5559730	3036774	1451694	1071262
广　东	40444877	25471902	7845321	7127654
广　西	1710596	616034	601777	492786
海　南	451389	160747	166535	124107
重　庆	6161095	2352682	1771589	2036824
四　川	9746016	4555782	3261161	1929074
贵　州	1951453	361660	952013	637780
云　南	3885395	1516220	956168	1413007
西　藏	97876	10433	58291	29152
陕　西	5054410	2611651	1248418	1194341
甘　肃	1701748	587563	607237	506948
青　海	344553	46084	126276	172193
宁　夏	574441	172406	231910	170125
新　疆	1561743	432415	455399	673929

4-59 各地区按资质等级划分的专业承包建筑业企业所有者权益

单位：万元

地区	合计	一级	二级	三级及以下
全国总计	**97184477**	**48340186**	**27635232**	**21209059**
北京	6180405	4416817	1166995	596593
天津	6037359	2937650	2277215	822494
河北	1942251	672177	740540	529534
山西	2000217	709021	641231	649965
内蒙古	628405	330020	189051	109334
辽宁	4779973	2053566	1118502	1607906
吉林	1523170	308667	493827	720676
黑龙江	1290304	363632	509954	416718
上海	3994223	2110876	1180108	703239
江苏	14679155	8057298	3319399	3302457
浙江	7057351	4267738	1845422	944191
安徽	3030847	1099838	1174678	756331
福建	3853001	1858257	1214441	780303
江西	1185525	435414	515664	234447
山东	4396748	1731310	1595776	1069663
河南	5870588	2725125	2022983	1122480
湖北	2988561	1599955	838175	550431
湖南	1932540	927187	523851	481502
广东	12812130	8061730	2364990	2385410
广西	540941	173097	204428	163416
海南	196139	72097	96637	27405
重庆	2059278	759840	683976	615462
四川	3224678	1009316	1219575	995787
贵州	479892	67973	243792	168127
云南	1494503	502065	400989	591448
西藏	54098	4287	21510	28302
陕西	1495204	720570	449089	325546
甘肃	645563	164778	304254	176531
青海	127454	13794	46671	66989
宁夏	240563	70675	106751	63138
新疆	443411	115418	124759	203234

4-60 各地区按资质等级划分的专业承包建筑业企业负债

单位：万元

地　区	合计	一级	二级	三级及以下
全国总计	**164946313**	**93352566**	**41892496**	**29701250**
北　京	16529859	11905077	3847250	777532
天　津	6850249	2688322	2261444	1900483
河　北	3021410	1745848	709467	566096
山　西	3031490	1158799	1089135	783556
内蒙古	468675	97521	266434	104721
辽　宁	7988576	3320486	2704947	1963144
吉　林	1710919	484955	546511	679453
黑龙江	1432404	694892	404733	332779
上　海	8634647	5610751	2122744	901152
江　苏	19826964	12550989	3584752	3691224
浙　江	12758917	8217702	3101003	1440212
安　徽	4360922	1956466	1339386	1065071
福　建	3699461	2035727	926698	737036
江　西	1412445	578616	559321	274508
山　东	8956928	4318435	2833215	1805278
河　南	5406948	2829766	1766717	810465
湖　北	5356572	3888689	886224	581659
湖　南	3627190	2109587	927843	589760
广　东	27632747	17410172	5480332	4742243
广　西	1169655	442937	397349	329370
海　南	255250	88650	69899	96701
重　庆	4101817	1592842	1087613	1421362
四　川	6521339	3546466	2041585	933288
贵　州	1471560	293687	708220	469653
云　南	2390893	1014155	555179	821559
西　藏	43778	6147	36781	850
陕　西	3559205	1891081	799329	868795
甘　肃	1056185	422785	302983	330417
青　海	217099	32290	79606	105203
宁　夏	333878	101731	125160	106988
新　疆	1118332	316997	330639	470695

4-61 各地区按资质等级划分的专业承包建筑业企业营业收入

单位：万元

地区	合计	一级	二级	三级及以下
全国总计	**249143451**	**135934105**	**64222606**	**48986740**
北京	19623341	13697336	4778782	1147223
天津	11661371	2990750	5544790	3125832
河北	3562741	1971190	822140	769410
山西	3399526	1266450	1221416	911660
内蒙古	559442	104243	295197	160002
辽宁	6623131	2458199	1674764	2490168
吉林	2397749	652167	844577	901005
黑龙江	1605573	791328	584413	229832
上海	12230439	8059639	2593395	1577405
江苏	35553539	21421012	6880354	7252174
浙江	19910944	12301606	5163447	2445891
安徽	8359629	3306686	2951145	2101799
福建	9372413	5085699	2672751	1613963
江西	4038233	2313442	1157264	567527
山东	13426765	7379772	3520986	2526007
河南	12058082	5409302	4207327	2441453
湖北	8282537	5443620	1604178	1234739
湖南	8101283	4219172	1950721	1931391
广东	36624361	23888701	6235236	6500424
广西	2035257	764618	716771	553867
海南	424042	204227	156325	63490
重庆	6618437	2391373	1418552	2808513
四川	9451517	4513252	3406149	1532117
贵州	1455408	248696	672836	533876
云南	3583665	1339127	966060	1278479
西藏	75600	10341	55674	9585
陕西	4711650	2662018	1024641	1024991
甘肃	1245179	398695	395103	451381
青海	370046	121971	102124	145951
宁夏	443841	152905	143700	147236
新疆	1337711	366571	461790	509351

4-62 各地区按资质等级划分的专业承包建筑业企业利税总额

单位：万元

地区	合计	一级	二级	三级及以下
全国总计	**17253855**	**8648482**	**4716207**	**3889166**
北京	664019	486862	125753	51404
天津	677857	211514	324407	141936
河北	217077	109382	53576	54119
山西	213953	63894	63201	86858
内蒙古	43298	7235	19641	16421
辽宁	463320	171602	117640	174079
吉林	202302	44462	74194	83646
黑龙江	314471	62993	35376	216103
上海	628375	367714	160077	100584
江苏	2938584	1717002	609691	611891
浙江	1097965	669690	292866	135409
安徽	650832	256658	238223	155951
福建	743420	437311	192426	113684
江西	348530	170525	118925	59081
山东	836888	444268	232243	160377
河南	1412568	551851	497842	362875
湖北	654245	415335	131028	107882
湖南	626776	258589	193463	174724
广东	2365152	1511911	468055	385186
广西	105170	35958	31317	37895
海南	39804	14012	20330	5462
重庆	437397	112804	145807	178786
四川	690549	220996	308830	160723
贵州	97763	8883	51824	37057
云南	280731	87755	61952	131025
西藏	8841	1430	5064	2346
陕西	290594	149483	71906	69206
甘肃	103280	29614	41075	32590
青海	15168	7528	4238	3403
宁夏	26200	9805	7593	8802
新疆	58728	11417	17647	29664

4-63 各地区按资质等级划分的专业承包建筑业企业利润总额

单位：万元

地区	合计	一级	二级	三级及以下
全国总计	**9844256**	**4958490**	**2723945**	**2161822**
北京	275398	220866	34467	20065
天津	488502	155447	287767	45289
河北	117504	52476	32982	32047
山西	133438	39784	33080	60573
内蒙古	26648	4093	12467	10087
辽宁	247413	91058	61831	94525
吉林	115831	24753	42381	48698
黑龙江	261636	35370	17156	209111
上海	363546	215545	90255	57747
江苏	1740426	1062806	346328	331292
浙江	604055	382067	145423	76565
安徽	356899	147283	126992	82624
福建	406728	244812	94781	67136
江西	160063	57343	66712	36008
山东	474666	271285	123695	79686
河南	836922	339685	300094	197143
湖北	346819	212059	74975	59785
湖南	325890	133910	121101	70879
广东	1438860	941721	289245	207894
广西	42658	10113	14201	18345
海南	23613	6044	16186	1383
重庆	246450	45235	106314	94900
四川	353482	116342	154340	82800
贵州	61347	5832	32935	22579
云南	161912	51895	28478	81539
西藏	5766	1241	3484	1041
陕西	131184	64186	33902	33096
甘肃	62940	18347	25681	18912
青海	1764	1980	459	-676
宁夏	9222	3767	1379	4075
新疆	22677	1145	4858	16675

4-64 各地区按资质等级划分的专业承包建筑业企业税金总额

单位：万元

地　区	合计	一级	二级	三级及以下
全国总计	**7409598**	**3689992**	**1992263**	**1727344**
北　京	388621	265996	91286	31339
天　津	189355	56067	36641	96647
河　北	99573	56907	20594	22073
山　西	80515	24110	30120	26285
内蒙古	16650	3142	7175	6334
辽　宁	215907	80544	55809	79554
吉　林	86470	19709	31813	34948
黑龙江	52835	27624	18220	6992
上　海	264829	152170	69822	42837
江　苏	1198158	654196	263364	280599
浙　江	493910	287623	147443	58844
安　徽	293933	109375	111231	73327
福　建	336692	192499	97645	46548
江　西	188467	113181	52213	23073
山　东	362222	172983	108549	80691
河　南	575646	212166	197748	165732
湖　北	307426	203276	56053	48097
湖　南	300886	124680	72362	103845
广　东	926292	570190	178810	177292
广　西	62512	25845	17117	19550
海　南	16191	7967	4145	4079
重　庆	190947	67569	39492	83886
四　川	337067	104654	154490	77923
贵　州	36417	3051	18889	14477
云　南	118819	35860	33474	49486
西　藏	3075	189	1581	1305
陕　西	159410	85297	38004	36110
甘　肃	40340	11267	15394	13679
青　海	13405	5547	3779	4079
宁　夏	16978	6038	6214	4727
新　疆	36051	10273	12789	12990

4-65 各地区按资质等级划分的专业承包建筑业企业主营业务收入

单位：万元

地区	合计	一级	二级	三级及以下
全国总计	**241497576**	**134279531**	**59102834**	**48115211**
北京	19273682	13510680	4643933	1119070
天津	7457040	2889847	1551975	3015218
河北	3514276	1942403	806073	765800
山西	3309031	1234107	1190536	884389
内蒙古	521965	99170	279809	142986
辽宁	6342541	2382336	1578837	2381367
吉林	2351498	649965	818876	882656
黑龙江	1558224	772954	557238	228032
上海	12105594	8012254	2531661	1561679
江苏	35243416	21236661	6845630	7161125
浙江	19649841	12154740	5087551	2407550
安徽	8213919	3267488	2880375	2066055
福建	9234191	5023001	2629039	1582151
江西	3982990	2294108	1130369	558512
山东	13262351	7337160	3451016	2474174
河南	11645865	5138556	4103868	2403442
湖北	8171612	5377470	1587668	1206474
湖南	8073519	4211842	1941885	1919793
广东	36434680	23783524	6193313	6457842
广西	1991314	759884	696717	534713
海南	402341	187086	154744	60510
重庆	6501849	2344493	1381892	2775464
四川	9307646	4468981	3322179	1516486
贵州	1420023	244044	670169	505810
云南	3480969	1311005	932608	1237356
西藏	75600	10341	55674	9585
陕西	4695447	2651343	1021043	1023062
甘肃	1235167	391924	393027	450216
青海	336139	94010	96522	145607
宁夏	435359	151629	139769	143961
新疆	1269490	346527	428837	494126

4-66 各地区按资质等级划分的专业承包建筑业企业管理费用

单位：万元

地　区	合计	一级	二级	三级及以下
全国总计	**13531431**	**5547583**	**4735062**	**3248787**
北　京	1129176	633225	367945	128006
天　津	1153650	123535	823299	206816
河　北	185995	83105	58152	44738
山　西	256632	74360	95702	86570
内蒙古	67585	7993	45531	14061
辽　宁	565497	185136	146354	234007
吉　林	183743	46463	65559	71721
黑龙江	121942	34081	58777	29084
上　海	682792	344767	196009	142016
江　苏	1631060	795180	403777	432103
浙　江	987558	492602	310360	184596
安　徽	444959	117854	212077	115029
福　建	495528	233711	171701	90117
江　西	187061	97234	49571	40256
山　东	667967	273843	242225	151899
河　南	696086	242482	326872	126732
湖　北	407343	247226	89239	70877
湖　南	340594	154180	98637	87776
广　东	1647360	793926	401210	452225
广　西	126639	32749	45138	48752
海　南	27436	11387	9299	6750
重　庆	323927	125487	87783	110657
四　川	424251	151651	187268	85331
贵　州	81063	10723	34513	35827
云　南	261350	72505	72257	116589
西　藏	4759	1055	3018	687
陕　西	208326	103985	57789	46552
甘　肃	84005	23901	25170	34933
青　海	24501	3186	6310	15005
宁　夏	35937	10208	14710	11018
新　疆	76712	19843	28812	28057

4-67 各地区按资质等级划分的专业承包建筑业企业财务费用

单位：万元

地　区	合计	一级	二级	三级及以下
全国总计	**1583871**	**982901**	**347293**	**253677**
北　京	84034	66008	15061	2965
天　津	24721	6223	5360	13137
河　北	18049	10935	1508	5606
山　西	13194	5123	4984	3087
内蒙古	680	192	356	132
辽　宁	46689	26068	7893	12727
吉　林	15903	3977	6456	5469
黑龙江	14069	13265	811	-7
上　海	49664	24466	20546	4653
江　苏	222854	128319	63818	30718
浙　江	130972	94818	27283	8871
安　徽	31548	11816	11401	8331
福　建	43988	23112	11454	9423
江　西	14717	6301	6225	2192
山　东	85076	45856	25913	13307
河　南	76421	27369	27605	21448
湖　北	50159	37749	5983	6427
湖　南	24271	17713	811	5747
广　东	461157	358406	48397	54354
广　西	9800	5666	1292	2842
海　南	1555	974	507	74
重　庆	31024	13724	12069	5231
四　川	54261	25392	21925	6944
贵　州	6418	2437	3596	385
云　南	32264	8727	3770	19767
西　藏	331	11	35	285
陕　西	20033	9452	5414	5168
甘　肃	9719	5958	2504	1258
青　海	1164	745	345	75
宁　夏	2554	208	1460	886
新　疆	6585	1893	2515	2177

4-68 各地区按资质等级划分的专业承包建筑业企业应收工程款

单位：万元

地　区	合计	一级	二级	三级及以下
全国总计	**86352475**	**50850904**	**20053616**	**15447954**
北　京	6973303	5442497	1141944	388862
天　津	3926279	1234394	1783265	908620
河　北	1483405	806773	341228	335404
山　西	1612936	504050	617259	491628
内蒙古	250858	42372	140356	68130
辽　宁	3081257	1384949	684060	1012248
吉　林	1143350	314434	389506	439410
黑龙江	638990	285851	238528	114612
上　海	4485696	3114566	857064	514066
江　苏	12782002	8155153	2386634	2240215
浙　江	6202771	4463691	1133884	605196
安　徽	2518096	1187666	739921	590509
福　建	2275314	1303677	556961	414676
江　西	648036	321623	211546	114868
山　东	4900599	2499212	1356744	1044643
河　南	3632876	1937288	1076211	619377
湖　北	2847672	1955360	530494	361818
湖　南	1894060	1025436	511160	357463
广　东	13999157	10177877	1890607	1930673
广　西	571543	192715	223633	155195
海　南	146888	41363	63403	42123
重　庆	2307145	930736	599703	776706
四　川	2855595	1526771	965978	362846
贵　州	738883	176755	399776	162352
云　南	1143557	531670	257218	354668
西　藏	18076	7896	10179	
陕　西	1761809	882475	397077	482256
甘　肃	551698	171356	197400	182942
青　海	150264	11317	39798	99149
宁　夏	191029	67409	68606	55014
新　疆	619332	153575	243472	222285

五、各行业建筑业企业

5-1 各行业建筑业企业签订合同情况

单位：万元

行业	签订合同额	上年结转合同额	本年新签合同额
总计	**5450347736**	**2558024972**	**2892322764**
房屋建筑业	3256447896	1506020479	1750427417
土木工程建筑业	1790465983	924741756.6	865724226.2
铁路、道路、隧道和桥梁工程建筑	1239880768	662645386	577235381
水利和水运工程建筑	240250927	133954596	106296331
海洋工程建筑	540989	49676	491313
工矿工程建筑	66928605	28665257	38263348
架线和管道工程建筑	96930553	35393660	61536893
建筑安装业	219353616	72059305	147294311
建筑装饰、装修和其他建筑业	184080241	55203432	128876809

5-2 各行业建筑业企业承包工程完成情况

单位：万元

行业	直接从建设单位承揽工程完成的产值	自行完成施工产值	分包出去工程的产值	从建设单位以外承揽工程完成的产值
总计	**2448791736**	**2361840126**	**86951610**	**122592581**
房屋建筑业	1526581287	1491978711	34602576	49997229
土木工程建筑业	680477019	638927768	41549250	47154282
铁路、道路、隧道和桥梁工程建筑	463427802	436836581	26591221	32270894
水利和内河港口工程建筑	80068972	74336230	5732741	5667229
海洋工程建	134147	113079	21068	25155
工矿工程建筑	29318966	27596895	1722071	1439470
架线和管道工程建筑	51705598	46636689	5068909	2341485
建筑安装业	126107445	119702832	6404612	13692323
建筑装饰、装修和其他建筑业	115625986	111230814	4395172	11748747

5-3 各行业建筑业总产值和竣工产值

单位：万元

行业	建筑业总产值	#装饰装修产值	#在外省完成的产值
总计	**2484432707**	**123568267**	**834304071**
房屋建筑业	1541975940	53951141	472303302
土木工程建筑业	686082050	3696156	279937708
铁路、道路、隧道和桥梁工程建筑	469107475	2427945	201610163
水利和水运工程建筑	80003459	150433	31229896
海洋工程建筑	138235		65297
工矿工程建筑	29036365	191915	15418438
架线和管道工程建筑	48978174	272134	12384824
建筑安装业	133395155	2252341	43628473
建筑装饰、装修和其他建筑业	122979562	63668630	38434589

5-3 续表

单位：万元

行业	按构成分组			竣工产值
	建筑工程产值	安装工程产值	其他产值	
总计	**2186606551**	**213538160**	**84287997**	**1238321554**
房屋建筑业	1424151292	73746867	44077781	870349086
土木工程建筑业	606377499	54114643	25589908	238488679
铁路、道路、隧道和桥梁工程建筑	446726713	8497506	13883256	145212830
水利和水运工程建筑	75560269	2132082	2311108	28158830
海洋工程建筑	106430	17593	14212	78953
工矿工程建筑	18687226	8056217	2292922	13469143
架线和管道工程建筑	21442589	25506091	2029495	25761543
建筑安装业	55563399	71019150	6812607	67773018
建筑装饰、装修和其他建筑业	100514362	14657499	7807701	61710770

5-4 各行业建筑业企业房屋建筑面积

行业	房屋施工面积（万平方米）	#本年新开工	房屋竣工面积（万平方米）	房屋竣工率（%）
总计	**1441505**	**515026**	**402336**	**27.9**
房屋建筑业	1347931	477283	375106	27.8
土木工程建筑业	65666	25933	18079	27.5
铁路、道路、隧道和桥梁工程建筑	38340	16189	11011	28.7
水利和水运工程建筑	7078	2235	1555	22.0
海洋工程建筑	6	3		4.3
工矿工程建筑	4089	1366	646	15.8
架线和管道工程建筑	730	365	342	46.8
建筑安装业	18423	7508	5771	31.3
建筑装饰、装修和其他建筑业	9484	4302	3379	35.6

5-5 按主要用途分的各行业建筑业企业房屋竣工面积

单位：万平方米

行业	合计	住宅房屋	商业及服务用房屋	办公用房屋	科研、教育和医疗用房屋
总计	**402336**	**271016**	**28607**	**19187**	**18053**
房屋建筑业	375106	255372	26809	17720	16913
土木工程建筑业	18080	10773	1158	871	859
铁路、道路、隧道和桥梁工程建筑	11011	5982	859	687	646
水利和水运工程建筑	1555	1078	40	36	80
海洋工程建筑					
工矿工程建筑	646	302	7	25	14
架线和管道工程建筑	342	146	5	9	3
建筑安装业	5772	2997	308	306	175
建筑装饰、装修和其他建筑业	3379	1874	332	290	106

5-5 续表

单位：万平方米

行　　业	文化、体育和娱乐用房屋	厂房及建筑物	仓　库	其他未列明的房屋建筑物
总　　计	**4026**	**49092**	**2360**	**9993**
房屋建筑业	3698	43590	2178	8826
土木工程建筑业	259	3249	99	812
铁路、道路、隧道和桥梁工程建筑	176	2104	58	499
水利和水运工程建筑	33	207	23	59
海洋工程建筑				
工矿工程建筑	7	255	3	34
架线和管道工程建筑		158	2	18
建筑安装业	15	1701	62	207
建筑装饰、装修和其他建筑业	55	553	20	148

5-6　按主要用途分的各行业建筑业企业房屋竣工价值

单位：万元

行　　业	合计	住宅房屋	商业及服务用房屋	办公用房　屋	科研、教育和医疗用房屋
总　　计	**739767062**	**472946681**	**70000178**	**38954901**	**42197473**
房屋建筑业	692244542	446192311	65821444	35664833	39814768
土木工程建筑业	31289120	17877237	2187742	2373989	1917357
铁路、道路、隧道和桥梁工程建筑	19501649	10032654	1664278	1998878	1491766
水利和内河港口工程建筑	2846244	1924015	78588	72629	162536
海洋工程建筑	521				521
工矿工程建筑	1202886	560331	12816	62724	27900
架线和管道工程建筑	675528	268621	10596	20843	10864
建筑安装业	8389473	4639451	434356	640439	303104
建筑装饰、装修和其他建筑业	7843927	4237681	1556637	275640	162245

5-6 续表

单位：万元

行　　业	文化、体育和娱乐用房屋	厂房及建筑物	仓　库	其他未列明的房屋建筑物
总　　计	**9997911**	**80043642**	**4508006**	**21118271**
房屋建筑业	9272716	71930960	4201304	19346206
土木工程建筑业	614279	4910067	210030	1198420
铁路、道路、隧道和桥梁工程建筑	445963	2962529	93847	811735
水利和内河港口工程建筑	52850	403988	88609	63029
海洋工程建筑				
工矿工程建筑	39340	456768	5461	37546
架线和管道工程建筑	506	308251	4228	51620
建筑安装业	40188	1883823	87432	360680
建筑装饰、装修和其他建筑业	70729	1318791	9240	212965

5-7　各行业建筑业企业主要生产效益指标

行　　业	建筑业企业个数（个）	从事建筑业活动的平均人数（人）	按总产值计算的劳动生产率（元/人）	人均竣工产值（元/人）	人均施工面积（平方米/人）	人均竣工面积（平方米/人）
总　　计	**103805**	**62161483**	**399674**	**199210**	**231.9**	**64.7**
房屋建筑业	47885	41499598	371564	209725	324.8	90.4
土木工程建筑业	27114	13889532	493956	171704	47.3	13.0
铁路、道路、隧道和桥梁工程建筑	15619	8984307	522141	161629	42.7	12.3
水利和水运工程建筑	3129	1697787	471222	165856	41.7	9.2
海洋工程建筑	20	2205	626914	358064	25.2	1.1
工矿工程建筑	892	670045	433350	201019	61.0	9.6
架线和管道工程建筑	3098	1206028	406111	213607	6.1	2.8
建筑安装业	13002	3085833	432283	219626	59.7	18.7
建筑装饰、装修和其他建筑业	15804	3686520	333593	167396	25.7	9.2

5-8 各行业建筑业企业资产构成

单位：万元

行　　业	资产合计	#流动资产合　　计	#存货
总　　计	**2566295033**	**2007726602**	**341880194**
房屋建筑业	1254364467	1023149447	191684565
土木工程建筑业	1031984515	746503332	113853336
铁路、道路、隧道和桥梁工程建筑	653492367	480181947	67237681
水利和水运工程建筑	153760608	100213027	18811584
海洋工程建筑	806173	554290	176343
工矿工程建筑	44482144	36085951	4835224
架线和管道工程建筑	62996391	53491222	10036436
建筑安装业	151034434	126819591	21694328
建筑装饰、装修和其他建筑业	128911617	111254233	14647964

5-9 各行业建筑业企业固定资产情况

单位：万元

行　　业	固定资产原　　价	固定资产折　　旧	#本年折旧	在建工程
总　　计	**207997968**	**97382834**	**14102200**	**34168668**
房屋建筑业	85521425	35722061	5475099	17941059
土木工程建筑业	97145057	49876915	6869781	13490299
铁路、道路、隧道和桥梁工程建筑	56588466	30048726	4453955	6941329
水利和水运工程建筑	17713119	7908109	915988	3835774
海洋工程建筑	230653	77000	10269	17692
工矿工程建筑	5783235	3221014	439811	310983
架线和管道工程建筑	8452456	4711402	549062	455058
建筑安装业	14615529	6944661	984435	1674237
建筑装饰、装修和其他建筑业	10715957	4839197	772885	1063073

5-10 各行业建筑业企业负债及所有者权益

单位：万元

行业	负债合计	#流动负债	#应付账款	所有者权益	#实收资本
总计	**1764728949**	**1590249532**	**622780614**	**801547890**	**406148685**
房屋建筑业	854021160	774350041	294595715	400320120	206858190
土木工程建筑业	725910614	643012375	254509443	306078894	147575575
铁路、道路、隧道和桥梁工程建筑	472701071	419110052	167379424	180795004	94162582
水利和水运工程建筑	104987202	88130112	34697204	48773583	20702842
海洋工程建筑	683531	618684	204984	122643	134268
工矿工程建筑	32824701	31207112	12339634	11657443	6455977
架线和管道工程建筑	43157113	40654290	16523144	19840386	10724718
建筑安装业	101265129	94605436	40430729	49769305	27085078
建筑装饰、装修和其他建筑业	83532046	78281680	33244729	45379571	24629842

5-11 各行业建筑业企业收入情况

单位：万元

行业	主营业务收入	#主营业务成本	#主营业务税金及附加	其他业务收入	#其他业务利润
总计	**2291667964**	**2096454402**	**18704437**	**34494398**	**55136**
房屋建筑业	1328202580	1223624146	13077793	21134431	12517
土木工程建筑业	697002554	635832353	4003265	8779802	-102383
铁路、道路、隧道和桥梁工程建筑	457239900	420964585	2481478	5505151	318495
水利和水运工程建筑	85926756	77195151	631314	1009168	33549
海洋工程建筑	385286	342522	658	1846	-5494
工矿工程建筑	31694338	28808405	136640	456339	-64084
架线和管道工程建筑	54935458	48832391	333975	980092	-116332
建筑安装业	139358384	124416339	776010	2906020	100007
建筑装饰、装修和其他建筑业	127104446	112581563	847369	1674144	44994

5-12 各行业建筑业企业费用情况

单位：万元

行业	管理费用	销售费用	研发费用	财务费用	#利息收入	#利息支出
总计	**67508342**	**7240812**	**18600936**	**15597494**	**5330716**	**23682904**
房屋建筑业	31174366	3148483	6975788	8561372	2347459	16144266
土木工程建筑业	23139683	1915328	9228437	5570840	2649512	6296508
铁路、道路、隧道和桥梁工程建筑	12175495	952082	6203365	3409477	1917856	4185986
水利和水运工程建筑	3161278	290983	1439857	922460	408825	1179637
海洋工程建筑	24454	1927	2771	5810	3580	2052
工矿工程建筑	1370626	70857	375710	283025	99649	269326
架线和管道工程建筑	3444517	283064	458392	97189	88611	148648
建筑安装业	7139153	988262	1208599	570956	256816	499333
建筑装饰、装修和其他建筑业	6055140	1188739	1188111	894325	76929	742798

5-13 各行业建筑业企业利润及税金情况

单位：万元

行业	利润总额	#应交所得税	税金总额	主营业务税金及附加	应交增值税
总计	**82795465**	**16661073**	**71630988**	**18704437**	**52926551**
房屋建筑业	47561910	10367652	47559665	13077793	34481873
土木工程建筑业	25384282	4405530	16266134	4003265	12262869
铁路、道路、隧道和桥梁工程建筑	15648002	2635505	9653754	2481478	7172276
水利和水运工程建筑	3773262	719045	2430687	631314	1799373
海洋工程建筑	2206	292	1938	658	1280
工矿工程建筑	762216	163564	860346	136640	723705
架线和管道工程建筑	1885895	432698	1580203	333975	1246228
建筑安装业	5195464	1034015	4035833	776010	3259823
建筑装饰、装修和其他建筑业	4653809	853876	3769356	847369	2921987

5-14 各行业总承包和专业承包企业应收工程款及企业亏损情况

行业	应收工程款（万元）	企业个数（个）	#亏损企业个数	亏损企业的比重（%）
总计	**600133473**	**103805**	**16971**	**16.3**
房屋建筑业	313462266	47885	7293	15.2
土木工程建筑业	198878165	27114	4354	16.1
铁路、道路、隧道和桥梁工程建筑	125548862	15619	2487	15.9
水利和水运工程建筑	23283592	3129	493	15.8
海洋工程建筑	136876	20	5	25.0
工矿工程建筑	13299010	892	161	18.0
架线和管道工程建筑	15346487	3098	466	15.0
建筑安装业	42967023	13002	2290	17.6
建筑装饰、装修和其他建筑业	44826018	15804	3034	19.2

5-15 各行业总承包和专业承包企业主要经济效益指标

行业	产值利润率（%）	产值利税率（%）	资本利润率（%）	资本利税率（%）	人均利润（元/人）	人均利税（元/人）	资产负债率（%）
总计	**3.3**	**6.2**	**20.4**	**38.0**	**13319**	**24843**	**68.8**
房屋建筑业	3.1	6.2	23	46.0	11461	22921	68.1
土木工程建筑业	3.7	6.1	17.2	28.2	18276	29987	70.3
铁路、道路、隧道和桥梁工程建筑	3.3	5.4	16.6	26.9	17417	28162	72.3
水利和水运工程建筑	4.7	7.8	18.2	30.0	22225	36541	68.3
海洋工程建筑	1.6	3	1.6	3.1	10002	18792	84.8
工矿工程建筑	2.6	5.6	11.8	25.1	11376	24216	73.8
架线和管道工程建筑	3.9	7.1	17.6	32.3	15637	28740	68.5
建筑安装业	3.9	6.9	19.2	34.1	16837	29915	67.0
建筑装饰、装修和其他建筑业	3.8	6.8	18.9	34.2	12624	22849	64.8